Andrea Erkert

Im Kreis spielen und lernen

100 Kreisspiele zu den
neuen Bildungsanforderungen

Gerne nehmen wir Ihre Anregungen, Wünsche, Kritik oder Fragen entgegen:
Don Bosco Medien GmbH, Sieboldstraße 11, 81669 München
Servicetelefon: (0 89) 4 80 08-341

Bibliografische Information der Deutschen Nationalbibliothek

Die Deutsche Nationalbibliothek verzeichnet diese Publikation
in der Deutschen Nationalbibliografie; detaillierte bibliografische
Daten sind im Internet über http://dnb.d-nb.de abrufbar.

3. Auflage 2010 / ISBN 978-3-7698-1703-4
© 2008 Don Bosco Medien GmbH, München
Lektorat: UNGER-KUNZ. Lektorat & Redaktionsbüro, Undorf
Umschlag und Illustrationen Innenteil: ReclameBüro, München
Produktion: Don Bosco Druck & Design, Ensdorf

Gedruckt auf umweltfreundlichem Papier

Inhalt

Vorwort

Eine gute Bildung und Erziehung erleichtert das Teilhaben am Gesellschaftsleben und ist für den Arbeitsmarkt von zentraler Bedeutung. Demzufolge ist der Elementarbereich im Bildungssystem grundlegend für den Erwerb von neuem Wissen und relevanten Kompetenzen, die sich positiv auf die Persönlichkeitsentwicklung und den schulischen Erfolg des Kindes auswirken. Der Besuch des Kindergartens eröffnet insbesondere Kindern aus bildungsfernen Familien vielfältige Möglichkeiten, um spielerisch voneinander und miteinander zu lernen.

(Stuhl-)Kreisspiele sind in vielen Kindergärten und Schulen bereits fest im Tagesgeschehen integriert und bieten sich allein schon aufgrund der Kreisform ideal dafür an, das Wir-Gefühl zu stärken und die Chancengleichheit zu fördern. Durch die Aufstellungsform im Kreis sind alle Kinder gleich weit von der Kreismitte entfernt und miteinander im Blickkontakt. Auch können alle jederzeit das Spielgeschehen verfolgen, sich daran beteiligen und dabei ganzheitliche Lernerfahrungen machen.

Die Kreisform ermöglicht jedoch auch, dass einzelne Kinder in die Kreismitte treten und stolz das, was sie können, zeigen. Für das jeweilige Spiel kann z. B. die Größe des Kreises verändert, der Außenkreis einbezogen oder gar ein Innen- und Außenkreis gebildet werden, sodass die Kinder sich selbst und die Gruppe immer wieder neu entdecken und erleben.

Im Kreis miteinander zu spielen und zu lernen ist nahezu überall ohne großen Aufwand möglich und trägt dazu bei, dass sich alle Kinder motiviert am Lernprozess der einzelnen Spielaufgaben beteiligen und dabei viel Freude am Lernen entwickeln. Indem die Kinder spielend das Lernen lernen und zugleich eine große Bandbreite an Erfolgserlebnissen haben, werden die Neugierde und das Interesse insbesondere an weiteren Aufgaben zum Nachdenken und Handeln gesteigert.

Die in diesem Buch enthaltenen (Stuhl-)Kreisspiele eignen sich für die tägliche Bildungsarbeit und wurden den einzelnen Kapiteln nach ihrem jeweiligen Schwerpunkt zugeordnet. Alle Kapitel verfügen über einleitende Bemerkungen und Tipps für die Praxis. Unabhängig davon, wie die verschiedenen Bildungsbereiche in den Rahmen- und Bildungsplänen der einzelnen Bundesländer bezeichnet werden, sind sie doch alle untereinander als gleichrangig zu bewerten und weisen stets Überschneidungen miteinander auf. Demzufolge kann z. B. ein Sprachförderspiel natürlich auch das logische Denken, die Motorik und das Selbstwertgefühl schulen.

Und noch etwas: Alle Spiele aus diesem Buch sind im Kita-Alltag erprobt worden und als Beispiele für die elementare Bildungsarbeit in der Praxis zu verstehen. Im Hinblick auf den jeweiligen Entwicklungsstand, das Interesse und Bedürfnis der einzelnen Kinder können sie selbstverständlich jederzeit verändert, ergänzt und erweitert werden. Wenn man dies beachtet, können sich die Kinder voller Freude am Spielgeschehen beteiligen und dabei relevante Kompetenzen entwickeln, welche sie für ihr persönliches Weiterkommen brauchen.

Nun möchte ich alle Kinder und die Erwachsenen zu den (Stuhl-)Kreisspielen aus diesem Buch einladen. Viel Spaß mit den Bildungsangeboten im (Stuhl-)Kreis wünscht

Ihre

Andrea Erkert

Willkommen im Erzählkreis!

Spiele zur Förderung der Sprachentwicklung

Eine gute Sprachkompetenz ist unerlässlich, um sich im Alltag behaupten und insbesondere in der Schule gut mithalten zu können. Die frühe sprachliche Förderung darf deshalb nicht verschlafen werden, sondern muss von klein auf beginnen. Die Realität zeigt jedoch, dass nicht alle Kinder zum Zeitpunkt ihres Eintritts in den Kindergarten über altersgemäße sprachliche Fähigkeiten und Kenntnisse verfügen, auf welche man dort spielerisch aufbauen könnte.

So gibt es in vielen Einrichtungen z. B. Kinder, die zweisprachig aufwachsen und zum Teil weder die eine noch die andere Sprache richtig beherrschen. Zudem gibt es Kinder, die z. B. Laute weglassen oder ersetzen, viel zu überhastet sprechen oder trotz ihres Alters immer noch die Kleinkindsprache benutzen.

Bei Sprachauffälligkeiten müssen die Eltern auf die vorhandenen professionellen Hilfsangebote hingewiesen werden. Dort erfahren sie u. a., wie sie am besten mit solchen Auffälligkeiten umgehen und somit ihre Kinder in der Sprachentwicklung unterstützen können.

Damit möglichst alle Kinder bis zum Schuleintritt über gute Deutschkenntnisse verfügen, sollten sprachliche Angebote im Kindergarten einen besonders hohen Stellenwert haben.

Bei den folgenden Sprachförderspielen lernen die Kinder aufmerksam zu hören, inhaltliche Zusammenhänge zu erfassen, miteinander zu kommunizieren, ihre Artikulation zu verbessern und nicht zuletzt Freude an der Sprache zu entwickeln.

ABC-Begrüßung

Material:
weiße Tonpapierbögen, Lineal, Bleistift, Schere, Buntstifte, evtl. ein Laminiergerät, Laminierfolien, Scheren, flotte Begrüßungsmusik

Alter:
ab 5 Jahren

Mitspieler:
ab 10 Kinder

Zur Vorbereitung des Spiels schreibt die Spielleitung den Anfangsbuchstaben aller teilnehmenden Kinder in großen Blockbuchstaben auf weißes Tonpapier. Jeder Buchstabe sollte dabei ca. 5 cm breit und 20 cm groß sein. Nachdem die Kinder diese Buchstaben ausgemalt haben, wird das Papier laminiert, und jedes Kind schneidet seinen Buchstaben aus.

Dann bildet die Hälfte der Kinder einen großzügigen Kreis, während sich die andere Hälfte in diesen Kreis hineinstellt. Die im Kreis befindlichen Mitspieler erhalten nun die Anfangsbuchstaben derjenigen Kinder, die außen auf der Kreisbahn stehen. Zum Rhythmus einer flotten Begrüßungsmusik, wie z. B. „Herzlich willkommen – Hallo!" (Volker Rosin), tanzen die im Kreis befindlichen Kinder herum und tauschen dabei die Buchstaben untereinander aus. Die anderen strecken ihre Arme weit zur Seite aus und klatschen im Takt zur Musik ihren linken und rechten Nachbarn ab. Wenn nun die Spielleitung die Musik plötzlich stoppt, stehen die Kinder auf der Kreisbahn still und blicken in die Kreismitte, während die dort

befindlichen Mitspieler versuchen, mithilfe des Buchstabens, den sie gerade in der Hand halten, den dazugehörigen Vornamen bzw. das dazugehörige Kind im Außenkreis ausfindig zu machen, um es zu begrüßen. Stehen alle auf diese Weise gebildeten Paare direkt voreinander, dann tauschen sie ihre Rollen und wiederholen das Spiel mit den Anfangsbuchstaben derjenigen Kinder, die jetzt neu außen im Kreis stehen.

Variante für jüngere Kinder: Anstelle der Anfangsbuchstaben übergeben die außen im Kreis stehenden Kinder den anderen einen persönlichen Gegenstand. Danach verläuft das Spiel so, wie es oben beschrieben wurde. Wenn die Musik stoppt, machen sich also auch hier die Kinder im Kreis auf die Suche nach dem Besitzer des Gegenstands, um ihn zu begrüßen.

Oben, unten, vorne und hinten!

Bei dem folgenden Spiel lernen die Kinder die Begriffe „oben", „unten", „vorne" und „hinten" zu benennen und voneinander zu unterscheiden.

Material:
eine Handtrommel

Alter:
ab 4 Jahren

Mitspieler:
ab 5 Kinder

Dazu stellen sich alle hintereinander im Kreis auf, und zwar so, dass sie mit ausgestreckten Armen die Schultern des vor ihnen stehenden Kindes gut berühren können.
Die Spielleitung holt sich nun eine Handtrommel und stellt sich in die Kreismitte. Sie trommelt einen beliebigen Rhythmus, zu dem die Kinder sich im Uhrzeigersinn im Kreis herum bewegen. Stoppt das Trommelspiel, so bleiben alle Kinder stehen. Danach kann die Spielleitung folgende Anweisung geben:

„Oben!"   Alle Kinder stellen sich auf die Zehenspitzen und strecken ihre Arme weit nach oben aus.

„Unten!"   Alle Kinder machen sich ganz klein und knien sich auf den Boden.

„Vorne!"   Alle Kinder strecken ihre Arme weit nach vorne aus, sodass sie das direkt vor ihnen stehende Kind berühren können.

„Hinten!"   Alle Kinder strecken ihre Arme weit nach hinten aus, sodass das direkt hinter ihnen stehende Kind berühren können.

Beim nächsten Durchgang darf dann ein Kind, das die Aufgabe besonders schnell erledigt hat, die Handtrommel schlagen, die Anweisungen geben, usw.

Wer kennt wen?

Material:
ein Foto von jedem Kind, eine Handtrommel

Alter:
ab 4 Jahren

Mitspieler:
ab 5 Kinder

Die Kinder bilden zunächst einen Kreis und legen dann ihre Fotos direkt vor ihren Füßen ab. Sobald die Spielleitung nun einmal trommelt, beginnt einer der Mitspieler damit, sein Foto seinem rechten Nachbarn zu überreichen. Bei jedem folgenden Trommelschlag geben die Kinder dann dieses Foto im Kreis herum weiter. Sie tun dies allerdings nur so lange, bis die Spielleitung nicht mehr trommelt und die Trommel vor sich hinstellt. Derjenige Mitspieler, der in diesem Moment das Foto in den Händen hält, teilt nun mit, was er alles über das Kind auf dem Bild weiß oder zu wissen glaubt. Er sagt also z. B.: „Antonia spielt gerne in der Bauecke." Bestätigt das betreffende Kind diese Aussage, dann wird die Spielrunde mit dem Foto des Mitspielers, der die korrekte Aussage getroffen hat, fortgesetzt. War die Aussage dagegen falsch, so geht das vorherige Foto weiter im Kreis herum.

Wer hat ein gutes Gedächtnis?

Die Spielleitung wählt zu Beginn ein Kind aus der Gruppe aus, das sich einen Softball holt und sich in die Mitte des von den anderen gebildeten Kreises stellt. Dann geht dieser Mitspieler auf eine Person seiner Wahl im Kreis zu. Er betrachtet das ausgewählte Kind ausgiebig und dreht ihm schließlich den Rücken zu. Danach wirft er seinen Ball einem zweiten Kind zu, das ihm eine Frage zu dem zuvor von ihm betrachteten Kind stellt, also z. B. „Welche Haarfarbe hat Lena?", „Trägt Anna eine Hose oder einen Rock?", „Hat Lukas etwas Gelbes an?" usw. Kann der Spieler in der Kreismitte diese Frage richtig beantworten, so wirft das zweite Kind den Ball wieder zu ihm zurück, sodass er den Ball einem weiteren Kind zuwerfen kann. Dieses stellt dem Spieler in der Kreismitte eine neue Frage zu dem anfangs ausgewählten Kind, usw. Kann der Spieler in der Kreismitte eine Frage jedoch nicht korrekt beantworten, dann darf derjenige, der diese Frage gestellt hat, das Spiel fortsetzen, indem er auf ein neues Kind zugeht.

Material:
ein Softball

Alter:
ab 5 Jahren

Mitspieler:
ab 6 Kinder

Rundherum lauter Reime

Zunächst bilden die Kinder und die Spielleiterin einen Stuhlkreis, wobei sich alle vor ihre Stühle hinstellen. Dann holt sich die Spielleiterin einen Handschmeichler, überlegt sich ein Wort und sagt z. B. „Haus". Danach übergibt sie dem Kind, das rechts neben ihr steht, den Handschmeichler und setzt sich auf ihren Stuhl. Das Kind mit dem Handschmeichler muss sich nun ein passendes Reimwort, z. B. „Maus", ausdenken und dieses den anderen mitteilen. Anschließend übergibt es den Handschmeichler wiederum seinem rechts von ihm stehenden Nachbarn und setzt sich auf seinen Stuhl. Der neue Handschmeichler-Besitzer überlegt nun seinerseits, was sich auf das Wort

Material:
ein Handschmeichler

Alter:
ab 5 Jahren

Mitspieler:
ab 5 Kinder

„Maus" reimt, sagt dann z. B. „Klaus", und setzt sich ebenfalls. Auf diese Weise wird das Spiel im Kreis herum immer weitergeführt. Können alle Kinder irgendein Reimwort, das keinen tieferen Sinn ergeben muss, finden? Die Spielrunde ist beendet, wenn alle Kinder im Stuhlkreis sitzen oder nicht mehr weiterreimen können.

Wo stecken die drei Reimwörter?

Alter:
ab 4 Jahren

Mitspieler:
ab 7 Kinder

Zu Beginn dieses Spiels verlässt ein Kind den Raum, alle anderen bilden einen Kreis. Dann teilt die Spielleitung der Gruppe ein Wort mit (z. B. „Dose"), zu dem drei der Kinder jeweils ein Reimwort (z. B. „Hose", „Lose" und „Rose") finden und sich dieses dann gut merken. Alle anderen überlegen sich Wörter, die sich nicht auf den Ausgangsbegriff reimen. Anschließend wird das vor der Türe stehende Kind wieder hereingerufen. Dieses platziert sich in der Kreismitte und bekommt nun von der Spielleitung das Anfangswort genannt. Dann macht sich das Kind in der Kreismitte auf die Suche nach den drei dazu passenden Reimwörtern, indem es auf irgendeine Person im Kreis zugeht und laut das Anfangswort, z. B. „Dose", sagt. Das angesprochene Kind erwidert mit seinem Wort, also z. B. mit „Hose" oder mit „Haus". Glaubt der Spieler in der Kreismitte, das sich die beiden Wörter reimen, dann darf das von ihm ausgewählte Kind einen großen Schritt in Richtung Kreismitte machen. Auf diese Weise versucht der Spieler in der Kreismitte die drei Reimwörter zu finden. Am Ende teilen die drei von ihm ausgewählten Kinder mit, ob er die Aufgabe auch richtig gelöst hat. Falls nicht, darf er sich nochmals auf die Suche machen.

Anlaut gesucht!

Alle Kinder bis auf eines holen sich jeweils einen bestimmten Gegenstand und bilden dann einen Stuhlkreis. Das verbliebene Kind stellt sich in die Kreismitte und erhält von der Spielleitung die Aufgabe, sich nach etwas umzusehen, dass z. B. mit dem Buchstaben „A" beginnt. Es schaut sich also in der Runde um und geht auf einen derjenigen Mitspieler zu, der z. B. ein kleines Auto aus Holz in den Händen hält. Ist die Aufgabe damit richtig gelöst, so tauscht das Kind in der Kreismitte mit demjenigen, auf den es zugegangen ist, den Platz und erhält dessen Gegenstand. Wenn das Kind jedoch Schwierigkeiten hat, die Aufgabe richtig zu lösen, dürfen ihm die anderen helfen. Mit dem neuen Spieler in der Kreismitte und einem weiteren Anfangsbuchstaben geht es dann in eine weitere Runde!

Material:
einen Gegenstand, z. B. ein Spielzeugauto, eine Puppe, einen Teddybär oder einen Ball für alle bis auf eines der Kinder

Alter:
ab 5 Jahren

Mitspieler:
ab 5 Kinder

Anlaut-Fresserchen

Alle „Anlaut-Fresserchen" haben Anlaute „zum Fressen gern". Doch wer von ihnen wird wohl richtig reagieren und am schnellsten die gesuchte „Leckerei" bekommen?

Zur Vorbereitung dieses Spiels schneiden die Kinder aus Werbeprospekten Bilder unterschiedlicher Lebensmittel aus. Jeweils eines dieser Bilder wird dann auf einen Bogen weißen Tonpapiers geklebt und dieser nach Möglichkeit laminiert. Zum Schluss kommen die fertigen Abbildungen in einen leeren Schuhkarton.
Das eigentliche Spiel beginnt damit, dass der Spielleiter mit den Kindern im Stuhlkreis sitzt und den Schuhkarton in den Händen hält. Nun nimmt er irgendeine Abbildung aus dem Karton und hebt diese für alle gut sichtbar in die Luft. Dabei benennt er laut und deutlich

Material:
Werbeprospekte, Scheren, 20 Bögen weißes Tonpapier (15 x 15 cm), Klebestifte, ein leerer Schuhkarton mit Deckel, evtl. ein Laminiergerät und Laminierfolie

Alter:
ab 5 Jahren

Mitspieler:
ab 8 Kinder

das abgebildete Lebensmittel. Wer springt als Erster auf und ruft dabei den gesuchten Anlaut in die Runde? Das am schnellsten reagierende „Anlaut-Fresserchen" erhält dann vom Spielleiter die betreffende Abbildungskarte, und es geht mit einer neuen Abbildung weiter. Sieger ist das „Anlaut-Fresserchen", welches am Ende die meisten Karten vor sich liegen hat.

Welches Tier steht vor dir?

Alter:
ab 3 Jahren

Mitspieler:
ab 5 Kinder

Alle Kinder im Kreis überlegen sich jeweils ein Tiergeräusch. Danach fängt ein beliebiges Kind aus der Runde das Spiel an, indem es auf irgendeinen Mitspieler zugeht und dabei z. B. so laut wie ein Hund bellt. Der ausgewählte Mitspieler versucht nun, das dargestellte Tier in einem vollständigen Satz zu benennen, indem er z. B. sagt: „Das ist ein Hund!" Sollte jedoch das Kind Schwierigkeiten haben, einen Satz zu bilden, hilft die Gruppe weiter. Danach tauschen diese beiden Kinder ihre Plätze, sodass derjenige, der nun in der Kreismitte steht, auf die gleiche Art und Weise ein neues Tier darstellen kann. Das Spiel ist beendet, wenn alle ihre Tiere akustisch vorstellen konnten.

Kalendergeschichten

Die Spielleitung übergibt einem Kind im Stuhlkreis einen Kalender mit Landschaftsbildern. Dieses Kind zeigt nun den anderen das erste Kalenderbild und fängt an, das, was es auf dem Bild sieht, zu beschreiben. Vielleicht kann es auch eine kleine Geschichte dazu erfinden. Danach übergibt es den Kalender einem anderen Kind, welches das nächste Landschaftsbild zeigen und beschreiben darf. Erst wenn alle zwölf Kalenderblätter gezeigt und beschrieben wurden, ist das Spiel beendet.

Variante für ältere Kinder: Eines der Kinder erhält den Kalender und zeigt bzw. beschreibt den anderen, wie oben erläutert, in einem vollständigen Satz das erste Bild. Danach übergibt es den Kalender seinem rechten Nachbarn. Dieser ergänzt die Beschreibung und bildet dabei einen neuen Satz. Reihum dürfen sich auf diese Weise alle Kinder zu dem Bild äußern. Danach erhält ein anderes Kind den Kalender und darf das Spiel mit dem nächsten Kalenderblatt auf die gleiche Art von vorne beginnen.

Material:
ein Kalender mit Landschaftsbildern

Alter:
ab 5 Jahren

Mitspieler:
ab 6 Kinder

Psst! Ich möchte zuhören!

Bei dem folgenden Spiel müssen die Kinder ganz leise sein und aufmerksam zuhören. Das ist für manche nicht immer so einfach! Eines der Kinder überlegt sich, was die anderen tun sollen, und sagt dann im Flüsterton z. B.: „Alle Kinder dürfen auf der Stelle hüpfen!" Können alle Kinder aufmerksam zuhören und der Anweisung folgen? Falls ja, dann darf ein weiteres Kind eine neue Anweisung geben. Wenn nicht, wiederholt das erste Kind noch einmal ganz leise das, was es eben gesagt hat.

Alter:
ab 3 Jahren

Mitspieler:
ab 5 Kinder

17

Was sollen wir tun?

Material:
ein Softball

Alter:
ab 4 Jahren

Mitspieler:
ab 6 Kinder

Die Kinder bilden einen Kreis und eines von ihnen erhält einen Softball, den es auf den Boden legt. Danach denkt sich dieses Kind eine Tätigkeit aus, die sich gut durchführen lässt, wenn man im Kreis steht. Es sagt also z. B. „stam-pfen!" und klatscht dabei zu jeder Silbe einmal in die Hände. Die übrigen Kinder versuchen nun, die Anzahl der Silben herauszufinden. Wurde diese richtige genannt, so rufen alle Kinder laut „stampfen!" und stampfen dabei einmal kräftig auf den Boden. Anschließend wirft das Kind, das gerade an der Reihe war, einem Mitspieler den Ball zu, und eine neue Runde beginnt!
Für dieses Spiel eignen sich vor allem Wörter wie „klat-schen", „pfei-fen", „hü-pfen", „win-ken", „um-ar-men", „ste-hen blei-ben" usw.

Ergänze das Wort und fange!

Alter:
ab 5 Jahren

Mitspieler:
ab 7 Kinder

Alle Kinder bis auf eines bilden einen Kreis. Der verbliebene Mitspieler positioniert sich außerhalb des Kreises und bekommt von der Spielleitung ein Wort ins Ohr geflüstert. Danach geht er so lange im Außenkreis herum, bis er hinter irgendeinem Kind stehen bleibt, dieses an den Schultern antippt und das Wort ruft, welches die Spielleitung ihm zuvor ins Ohr geflüstert hat, also z. B. „Tee!" Das angetippte Kind muss nun versuchen, das Wort zu ergänzen, indem es z. B. „Teekanne!" sagt. Ruft die Spielleitung daraufhin „richtig!", nimmt dieses Kind die Verfolgung des schnell im Uhrzeigersinn um den Kreis herumgehenden Mitspielers auf. Gelingt es dem außen gehenden Mitspieler noch rechtzeitig, sich auf den Ausgangsplatz des zweiten Kindes zu stellen? Wenn ja, wiederholt das zweite Kind das Spiel, indem ihm von der Spielleitung ein neues Wort ins Ohr geflüstert wird. Falls nicht, muss der bisherige Kreisläufer ähnlich

wie bei dem altbekannten Spiel „Faules Ei" sich so lange in die Kreismitte stellen, bis er von einem anderen Kind abgelöst wird.

Teller, Tasse, Löffel ...

Die Kinder positionieren sich so im Kreis, dass sie mit dem Rücken zur Kreismitte stehen. Danach nennt die Spielleitung einen Oberbegriff, wie z. B. „Geschirr", und tippt ein beliebiges Kind an den Schultern an, welches nun den dazugehörigen Unterbegriff, z. B. „Teller", sagt. Bestätigt die Spielleitung diese Antwort, dann dreht sich das Kind um, sodass es in die Kreismitte blickt. Sein rechter Nachbar setzt das Spiel fort, indem er einen weiteren, zu „Geschirr" passenden Unterbegriff sagt, also z. B. „Tasse", und sich nach der Bestätigung durch die Spielleitung ebenfalls nach innen wendet. Auf diese Weise wird das Spiel so lange weitergeführt, bis alle Kinder in Richtung Kreismitte blicken können. Sollte einem Kind nichts mehr einfallen oder sollte es eine falsche Aussage treffen, dann dürfen ihm diejenigen, die sich bereits umgedreht haben, weiterhelfen.

Alter:
ab 5 Jahren

Mitspieler:
ab 5 Kinder

Rundherum eine gute Atmosphäre

Spiele zur Förderung des sozialen Lernens und der Teamarbeit

Auf die heutigen Kindergartenkinder warten als junge Erwachsene große Aufgaben, wie z. B. Naturschutz, Armutsbekämpfung usw., die sich nur im Team lösen lassen.

Um bei den Kindern den Teamgedanken zu fördern, bieten sich z. B. eine Schatzsuche mit verschiedenen Gruppenaufgaben, Fallschirmspiele und Mannschaftssportarten, wie Fußball oder Handball, hervorragend an. Solche Spiele sind besonders bei den schon älteren Kindern, die kurz vor dem Schuleintritt stehen, sehr beliebt.

Im Team können die Kinder jedoch nicht nur miteinander spielen, sondern auch voneinander lernen. Für die Projektarbeit im Kindergarten und in der Schule – und nicht zuletzt in altersgemischten Klassen – ist eine gute Teamfähigkeit bei den Kindern ebenso wie bei den Erwachsenen unerlässlich.

Damit Kinder teamfähig werden, müssen die dafür relevanten sozialen Kompetenzen gefördert werden. Es ist eine der zentralen Aufgaben des Kindergartens, eine soziale Atmosphäre zu schaffen, in welcher die Kinder unterschiedliche Lernmöglichkeiten kennen lernen, und zwar solche Lernmöglichkeiten, die generell den Wir-Gedanken und den Zusammenhalt in der Gruppe fördern.

Bei den folgenden Spielen machen die Kinder die Erfahrung, dass jeder von ihnen einzigartig und zugleich ein Teil des Teams ist. Spielerisch lernen sie dabei sowohl ihre eigenen Fähigkeiten kennen als auch die Notwendigkeit, sich für das ganze Team einzusetzen. Zudem gibt es hier auch jede Menge Spiele, bei denen das gemeinsame Tun im Vordergrund steht, weil man nur auf diese Weise ein bestimmtes Ziel erreichen kann. Dabei lernen die Kinder gemeinsam Schwierigkeiten zu überwinden, miteinander zu sprechen, die eine oder andere Lösung zu finden und sich schließlich für einen Weg zu entscheiden.

Zeig, was in dir steckt!

Alle Gruppenmitglieder bringen in ein Team ihre jeweils unterschiedlichen Fähigkeiten ein und ergänzen sich auf diese Weise gegenseitig. Diese Erfahrung zeigt den Kindern, dass sie nicht alles alleine bewältigen müssen.

Nachdem die Kinder einen Kreis gebildet haben, überlegt sich eines eine Tätigkeit oder Sportart, die es besonders gut beherrscht. Während dieses Kind nun z. B. pantomimisch so tut, als ob es Fußball

Alter:
ab 5 Jahren

Mitspieler:
ab 6 Kinder

spielen würde, sagt es laut: „Ich kann gut Fußball spielen!" Daraufhin sagt die Gruppe: „In unserer Gruppe gibt es ein Kind, das gut Fußball spielen kann!" Danach setzt der rechte Nachbar das Spiel fort, indem er eine weitere Tätigkeit hinzufügt, diese pantomimisch vorstellt und z. B. sagt: „Ich kann gut auf dem Glockenspiel spielen!" Anschließend sagen alle: „In unserer Gruppe gibt es ein Kind, das gut Fußball spielen kann und eines, das gut auf dem Glockenspiel spielen kann!" Auf diese Weise wird dann stets die besondere Fähigkeit des jeweils folgenden Kindes angefügt. Sind alle an der Reihe gewesen und wurden alle von ihnen genannten Fähigkeiten aufgezählt, ist das Spiel beendet.

Teamarbeit – kennst du Berufe?

Material:
ein mit einigen Papierschnipseln gefülltes Körbchen

Alter:
ab 5 Jahren

Mitspieler:
ab 6 Kinder

Bei dem folgenden Spiel lernen die Kinder unterschiedliche Berufe kennen, die ohne Teamarbeit nicht funktionieren würden.

Alle Kinder sitzen auf Kissen im Kreis. Die Spielleitung legt ein Körbchen mit Papierschnipseln in die Kreismitte und sagt z. B. Folgendes: „Wer bildet ein Team im Flugzeug?" Dann ruft sie eines der Kinder auf, das sich per Handzeichen meldet. Das betreffende Kind sagt z. B.: „Die Stewardessen!" Sind alle anderen der gleichen Meinung, dann geht dieses Kind in die Kreismitte, um sich einen Papierschnipsel aus dem Körbchen zu holen. Danach kehrt es auf seinen Platz zurück und ruft von dort aus ein weiteres Kind auf, das nun z. B. sagt: „Der Pilot!" Das Spiel wird auf diese Art immer weitergeführt, bis möglichst viele Berufe zu dem jeweiligen Team genannt bzw. Papierschnipsel aus dem Körbchen herausgeholt werden konnten. Anschließend halten die Kinder ihre Papierschnipsel in die Luft, um die Anzahl der Personen herauszufinden, die im Team zusammenarbeiten. Danach fängt eine neue Spielrunde mit einer weiteren Berufsgruppe an.

22

Wer kann was?

Zur Vorbereitung dieses Spiels malen alle Kinder auf die Papierbögen das auf, was sie nach ihrer Meinung besonders gut können. Dann nehmen sie ihre Kunstwerke und bilden damit einen großen Kreis. Eines von ihnen erhält einen Reifen, in den es sich hineinstellt. Danach wird die Musik eingeschaltet, zu deren Rhythmus die Kinder nun auf Anweisung der Spielleitung ihre Bilder weitergeben, also z. B. hinter dem Rücken, über den Kopf, durch die gegrätschten Beine usw. Sobald die Musik unterbrochen wird, behalten die Kinder das Bild, das sie gerade in den Händen haben. Das Kind, das im Reifen steht, hebt sein Bild gut sichtbar in die Luft und fragt: „Was kann das Kind besonders gut?" Daraufhin tauscht das Kind, welches das Bild gemalt hat, mit dem im Reifen stehenden Mitspieler seinen Platz und beantwortet die Frage, indem es z. B. sagt: „Ich kann besonders gut Rollschuhe laufen!" Wenn das im Reifen stehende Kind beim Stopp der Musik zufällig gerade sein eigenes Bild hochhält, bleibt es dort stehen und berichtet der Gruppe selbst, was es besonders gut kann. Anschließend schaltet die Spielleitung die Musik wieder ein, und das Spiel geht weiter.

Material:
ein großer Bogen Malpapier pro Kind, Bunt- oder Wachsmalstifte, ein Gymnastikreifen, Tanzmusik

Alter:
ab 5 Jahren

Mitspieler:
ab 5 Kinder

Kannst du das?

Alter:
ab 5 Jahren

Mitspieler:
ab 7 Kinder

Alle Kinder bis auf eines sitzen in einem großen Kreis. Das verbliebene Kind positioniert sich in der Stuhlkreismitte, schließt seine Augen und dreht sich mit einem ausgestreckten Arm so lange um die eigne Achse, bis die Spielleitung „Stopp!" ruft. Auf wen der Mitspieler zeigt, tauscht nun mit dem Kind aus der Kreismitte seinen Platz und stellt pantomimisch vor, was es besonders gut kann. Die Kinder im Kreis versuchen, diese Fähigkeit zu erraten. Ist das gelungen, treten alle, die meinen, das Gleiche zu können, einen Schritt in Richtung Kreismitte vor. Danach gehen die Kinder wieder auf ihre Ausgangsposition zurück und das Spiel beginnt von vorn.

Variante für ältere Kinder: Der Mitspieler, auf den das Kind in der Kreismitte zeigt, versucht, seine Fähigkeit lediglich zu beschreiben. Wer errät, was gemeint ist?

Eilsendung

Material:
Schuhkarton mit Deckel, lange Schnur, Stempel, Eieruhr

Alter:
ab 4 Jahren

Mitspieler:
ab 8 Kinder

Ein Päckchen wird als Eilsendung aufgegeben. Damit es rechtzeitig beim Empfänger ankommt, müssen wir alle schnell und gut im Team zusammenarbeiten. Ein Wettlauf mit der Zeit beginnt …

Zur Vorbereitung dieses Spiels verschnürt die Spielleitung einen leeren Schuhkarton, den sie anschließend in die Kreismitte stellt. Dann stellt sie die Eieruhr ein, übergibt einem Kind den Stempel und bittet dessen Nachbarn im Kreis, das Päckchen „zur Post zu bringen". Dieser Mitspieler holt sich das Päckchen und geht damit auf seinen Ausgangsplatz zurück. Dort übergibt er das Päckchen aber nicht dem Stempelinhaber, sondern seinem Nachbarn auf der anderen Seite, welcher die Postsendung seinerseits in der gleichen Richtung weiter-

reicht. Auf diese Weise reichen die Kinder das Päckchen so lange von Hand zu Hand weiter, bis es einmal im Kreis herum gewandert ist und nun das Kind mit dem Stempel erreicht. Dieses stempelt das Päckchen ab und läuft damit so schnell wie möglich zur Spielleitung. Wird das Päckchen rechtzeitig den Empfänger (bzw. die Spielleitung) erreichen bevor die Eieruhr klingelt?

Entfesslungskünstler

Die Kinder sitzen im Stuhlkreis und beobachten die Spielleitung, die den Faden eines Wollknäuels etwas abwickelt und mit diesem die einzelnen Stuhlbeine miteinander verbindet. Anschließend bittet die Spielleitung die Gruppe, in die Kreismitte zu treten, möglichst schnell und ohne Worte den Faden von den Stuhlbeinen zu entfernen und diesen wieder auf den Knäuel zu wickeln. Währenddessen läuft die Eieruhr, und alle sind gespannt, ob es gelingt, die Aufgabe zu erledigen und wieder auf den Plätzen zu sitzen, bevor es klingelt. Wenn die Gruppe dies nicht rechtzeitig schafft, dann wird das Spiel wiederholt, und das ganze Team versucht, jetzt noch besser und schneller zusammenzuarbeiten.

Ein Hinweis: Wenn mehr als zehn Kinder mitspielen, dann ist es günstiger, die Gesamtgruppe in zwei gleichgroße Gruppen aufzuteilen, die jeweils einen eigenen Stuhlkreis bilden und das Spiel separat voneinander durchführen.

Material:
ein Wollknäuel,
eine Eieruhr

Alter:
ab 5 Jahren

Mitspieler:
ab 10 Kinder

Hand in Hand

Material:
ein Softball, ein Luftballon, ein Tischtennisball, eine Trillerpfeife

Alter:
ab 5 Jahren

Mitspieler:
ab 5 Kinder

Die Kinder stehen Hand in Hand im Kreis und beobachten, wie die Spielleiterin einen Softball, einen aufgeblasenen Luftballon und einen Tischtennisball mit genügend Abstand zueinander im Raum verteilt. Wenn die Spielleiterin ein Startzeichen gibt, geht die ganze Gruppe, ohne sich gegenseitig loszulassen, in Richtung des Softballs, um sich den Ball gegenseitig solange im Kreis zuzukicken, bis das Spiel abgepfiffen wird. Gelingt es den Kindern, die Aufgabe entsprechend den Regeln zu lösen, oder lassen sie dabei die Hände ihrer Nachbarn los? Ist das der Fall, dann fängt das Spiel von vorne an. Schaffen sie es hingegen, dann darf das ganze Team Hand in Hand zum Luftballon und danach zum Tischtennisball gehen, um die Übung dort auf die gleiche Art fortzusetzen.

Füße an Füße

Material:
pro Paar eine Decke, eine Handtrommel

Alter:
ab 5 Jahren

Die Kinder bilden zunächst Paare, ziehen ihre Schuhe aus und setzen sich Fußsohle an Fußsohle jeweils direkt gegenüber auf ihre Decke, und zwar so dass ein Innen- und Außenkreis entsteht. Die Kinder im Innenkreis sitzen also sternförmig mit dem Gesicht und den Füßen nach außen gewandt, ihre Partner im Außenkreis mit dem Gesicht und den Füßen nach innen. Zum Rhythmus eines langsamen Trom-

melspiels sollen die Kinder nun abwechselnd ihre Fußsohlen gegen diejenigen ihres Partnerkindes drücken. Gelingt dieses Zusammenspiel, oder kommen manche Paare aus dem Rhythmus? Denn erst wenn alle Paare im gleichen Rhythmus sind, ist das Spiel beendet.

Mitspieler:
ab 10 Kinder,
immer gerade Anzahl

Bälle auf dem Fließband

Die Kinder erhalten jeweils einen Tennisball, stellen sich im Kreis hintereinander auf, grätschen etwas ihre Beine und beugen sich mit dem Oberkörper nach vorne. Dann geben sie bei jedem Trommelschlag die Tennisbälle im Uhrzeigersinn durch ihre Beine an die hinter ihnen stehenden Mitspieler weiter. Damit dies klappt, sollte die Spielleitung anfangs nach jedem Trommelschlag eine kurze Pause machen. Sobald die Kinder jedoch etwas geübter sind, wird die Schlagfrequenz kontinuierlich erhöht, sodass das „Fließband" immer schneller läuft. Nach dem Erreichen einer gewissen Höchstgeschwindigkeit sollte man das Fließband aber dann wieder langsamer werden lassen. Hoffentlich geht unterwegs kein Ball verloren!

Material:
pro Kind ein Tennisball,
eine Handtrommel

Alter:
ab 4 Jahren

Mitspieler:
ab 5 Kinder

Menschenkette

Die Kinder stehen hintereinander mit genügend Abstand im Kreis. Dann ruft einer der Mitspieler den Namen eines anderen Kindes aus dem Kreis. Der Angesprochene geht nun im Innenkreis auf denjenigen, der den Namen gerufen hat, zu und reicht ihm seine rechte Hand. Das gerade ausgewählte Kind führt das Spiel fort, indem es ebenfalls jemanden aus dem Kreis zu sich bittet, der wiederum ihm die rechte Hand reicht. Auf diese Weise wird das Spiel immer weitergeführt, bis schließlich alle Kinder Hand in Hand in einer Reihe stehen. Am

Material:
eine Handtrommel

Alter:
ab 5 Jahren

Mitspieler:
ab 10 Kinder

27

Schluss geht das Kind, welches das Spiel begonnen hat, mit allen anderen im Schlepptau auf den zuletzt gerufenen Mitspieler zu, um ihm die Hand zu reichen und dadurch einen geschlossenen Kreis zu bilden. Gelingt den Kindern das, ohne sich gegenseitig loszulassen?

Pferd und Reiter – ein Team

Material:
zwei bis drei Pferdeleinen, jede Menge Krepppapierstreifen (mindestens 1,20 m lang), eine Handtrommel

Alter:
ab 5 Jahren

Mitspieler:
ab 12 Kinder, jedoch in einer geraden Anzahl

Um im Reitsport die Nase vorn zu haben, ist jahrelanges Training und ein vertrauensvolles Zusammenwachsen zwischen Reiter und Pferd erforderlich. Und erst, wenn beide ein gutes Team bilden, ist auch die Gefahr relativ gering, dass Pferd und/oder Reiter einmal stürzen.

Die Kinder bilden zunächst Paare und stellen sich zugleich im Kreis auf. Je nachdem, wie groß die Gruppe ist, holen sich ein oder zwei dieser Paare eine Pferdeleine und begeben sich damit in die Kreismitte. Bei jedem Paar spielt eines der Kinder das Pferd und das andere den Reiter bzw. die Reiterin. Alle übrigen Kinder knien sich paarweise etwa einen Meter voneinander entfernt und mit dem Gesicht zueinander gewandt auf dem Boden, sodass die einen im Kreis nach außen und ihre Partner im Kreis nach innen blicken. Dann erhalten die Paare im Kreis von der Spielleitung je einen Krepppapierstreifen, welchen die zueinander gewandten Kinder jeweils an einem Ende locker gespannt und in nicht zu großer Höhe halten.
Danach verläuft das Spiel folgendermaßen: Zum Rhythmus des Trommelspiels galoppieren die „Pferde", die von ihren Partnerkindern mithilfe der Pferdeleine geführt werden, durch den Raum. Allerdings nur so lange, bis das Trommelspiel verstummt. In diesem Moment dürfen „Pferd" und „Reiter" einmal im Kreis herum zwischen den knienden Paaren über die einzelnen Hindernisse (d. h. die Krepppapierstreifen) springen. Können sie mit vereinten Kräften die

Hindernisse überqueren oder werden einige Krepppapierstreifen zerreißen? In der nächsten Spielrunde dürfen ein bis zwei neue Paare ihr Glück versuchen!

Auf die Bälle, rollt los!

Die Spielleitung zeichnet mit Kreide einen großen Kreis auf den Boden oder legt einen solchen mit Seilen aus. Dann holt sich jedes zweite Kind aus der Gruppe einen Softball. Alle knien sich direkt vor den Kreis auf den Boden, und die Spielleitung stellt die Eieruhr so ein, dass sie nach fünf Minuten klingelt. Danach pfeift sie das Spiel an. Auf dieses Startsignal hin rollen die Kinder ihre Bälle kreuz und quer zwischen sich im Kreis hin und her und achten dabei darauf, dass möglichst kein Ball aus dem Kreis rollt. Alle Bälle, bei denen dies trotzdem passiert, werden von der Spielleitung eingesammelt und dürfen in dieser Spielrunde nicht mehr verwendet werden. Wenn die Eieruhr klingelt, zählen die Kinder die noch im Kreis verbliebenen Bälle. Bei den nächsten Durchgängen versuchen die Kinder, möglichst am Schluss alle Bälle im Innenkreis zu haben.

Material:
ein Softball für jedes zweite Kind, eine Kreide oder Seile, eine Eieruhr, eine Trillerpfeife, evtl. Luftballons

Alter:
ab 4 Jahren

Mitspieler:
ab 8 Kinder

Variante für jüngere Kinder: Anstelle der Softbälle verwenden die Kinder Luftballons.

Miteinander bauen

Alle Kinder holen sich aus der Bauecke jeweils einen Holzbaustein und setzen sich auf Kissen in den Kreis. Danach erhalten sie die Aufgabe, miteinander ein Bauwerk zu erstellen, und zwar so, dass die Bausteine sich gegenseitig auf irgendeine Art berühren. Die Spielleitung beginnt das Spiel, indem sie einen Baustein in die Kreis-

Material:
ein Holzbaustein

Alter:
ab 4 Jahren

Mitspieler:
ab 12 Kinder

mitte legt, auf eines der Kinder zugeht und mit ihm den Platz tauscht. Das betreffende Kind geht nun in die Kreismitte und legt seinen Baustein entweder auf oder direkt neben denjenigen der Spielleitung. Anschließend geht es auf einen weiteren Mitspieler zu, wechselt mit ihm den Platz, und nun ist dieser an der Reihe seinen Baustein in der Mitte hinzuzufügen und auf diese Weise das Spiel fortzusetzen. Das Spiel ist beendet, wenn alle Bausteine in der Kreismitte auf irgendeine Art miteinander verbunden sind und das Bauwerk, an dem alle beteiligt waren, fertiggestellt ist.

Spinnennetz-Hindernis

Material:
ein Wollknäuel,
ein Softball

Alter:
ab 5 Jahren

Mitspieler:
ab 12 Kinder

Bis auf drei Kinder bilden alle Kinder einen Stuhlkreis, in dessen Mitte die Spielleitung einen Softball platziert. Danach erhält einer der im Kreis stehenden Mitspieler ein Wollknäuel. Während er das Fadenende fest in der Hand hält, wirft er den Knäuel einem anderen Kind zu. Dieses hält den Faden ebenfalls in lockerer Spannung fest und wirft den Knäuel zum Nächsten weiter. Das geht so lange, bis alle Kinder den Faden in den Händen halten und somit ein großes Spinnennetz entstanden ist. Die drei Kinder, die außerhalb des Kreises stehen, überlegen nun, wie sie den Softball am besten unter dem Netz, das nicht berührt werden darf, herausholen können. Sie könnten z. B. unter dem Spinnennetz durchkrabbeln, über es hinwegsteigen, mithilfe eines weiteren Balls oder Stabs den Ball darunter hervorholen oder sich irgendeine andere Lösungsmöglichkeit ausdenken. Können die drei Kinder gemeinsam das gestellte Ziel erreichen? Vielleicht findet in der nächsten Spielrunde ein weiteres Team eine andere Lösung!

Die Welt ist groß und rund

Spiele zur Förderung des interkulturellen Lernens

In der Feizeit, im Kindergarten und in der Schule begegnen sich Kinder unterschiedlicher Herkunft, Kultur und Religion, um miteinander zu spielen und zu lernen. Dabei erleben sie natürlich auch unterschiedliche Sprachen, Bräuche, Essgewohnheiten und vieles mehr. Interkulturelles Lernen im Kindergarten und in der Schule knüpft an die alltäglichen Erfahrungen der Kinder an und bietet unterschiedliche Möglichkeiten, um sich gegenseitig offen und ohne Vorurteile zu begegnen. Die Kinder lernen, über den eigenen Tellerrand hinauszuschauen und dabei viel Neues zu entdecken.

Interkulturelles Lernen beinhaltet bei Weitem mehr als nur internationale Feste oder Projekte. Die Kinder brauchen vor allem alltägliche Lernmöglichkeiten, bei denen sie Verständnis füreinander entwickeln und sich an der kulturellen Vielfalt erfreuen, die eine Bereicherung für ihr Leben ist. Erst dann wird Intoleranz keinen Platz in ihrer Welt haben.

Im folgenden Kapitel werden die interkulturellen Kompetenzen gefördert, indem die Kinder z. B. spielerisch Unterschiede und Gemeinsamkeiten entdecken, Differenzen anerkennen, Respekt und Achtung voreinander entwickeln, ungezwungen miteinander umgehen lernen, Ängste vor „Fremden" abbauen und einen Konsens für ein friedvolles Miteinander finden.

„Merhaba!" – so begrüße ich dich!

Material:
eine Triangel

Bei dem folgenden Spiel können sich die Kinder in unterschiedlichen Sprachen begrüßen und nicht zuletzt miteinander lachen.

Alter:
ab 4 Jahren

Mitspieler:
ab 10 Kinder, jedoch
in einer geraden Anzahl

Die Kinder bilden einen Innen- und einen Außenkreis, und zwar so, dass sich jeweils ein Kind aus dem Innenkreis und eines aus dem Außenkreis gegenüberstehen. Die Spielleiterin holt sich eine Triangel, stellt sich in die Kreismitte, deutet auf ihre Nase und sagt z. B. auf Türkisch „Merhaba!". Daraufhin dürfen die Kinder dieses Begrüßungswort wiederholen und ihre Nase zur Begrüßung an die Nase ihres jeweiligen Partners reiben. Sobald jedoch die Spielleitung die Triangel schlägt, gehen alle Kinder im Innenkreis so lange nach

rechts weiter, bis die Triangel erneut erklingt. Stehen dann alle wieder vor einem Partner, dann deutet die Spielleitung auf ihre Füße und sagt z.B. auf Griechisch „Ja sou!" Die Kinder wiederholen auch dieses Begrüßungswort und tippen sich gegenseitig zur Begrüßung mit ihren Fußspitzen an. Mit Begrüßungswörtern aus anderen Sprachen können noch viele weitere Durchgänge dieses Spiels gemacht werden.

Beispiele für weitere Begrüßungswörter und -aktionen:

„Hello!" (englisch)	sich gegenseitig auf die Schultern klopfen
„Bonjour!" (französisch)	sich gegenseitig über den Kopf streicheln
„Ciao!" (italienisch)	sich umdrehen und mit dem Spielpartner den Po aneinander reiben
„Olá!" (spanisch/portuguesisch)	zusammen mit dem Spielpartner mit beiden Händen abklatschen
„Dobar dan!" (kroatisch)	sich gegenseitig umarmen

Weißt du, wie die Sprache heißt?

Alle Mitspieler bewegen sich innerhalb eines Stuhlkreises im Takt der Musik in Form einer geschlossenen Polonaise. Im Stuhlkreis steht jedoch ein Stuhl weniger, als Kinder mitspielen. Wenn die Musik unterbrochen wird, versuchen alle, möglichst schnell einen freien Stuhl zu besetzen. Dasjenige Kind, das keinen Stuhl ergattern konnte, stellt sich nun in die Kreismitte und begrüßt die Gruppe entweder auf Deutsch oder in einer anderen Sprache. Wer errät, wie die Sprache heißt? Sobald eines der Kinder die richtige Antwort weiß, fängt die Polonaise zur Musik von vorne an …

Material:
Volksmusik aus aller Welt

Alter:
ab 5 Jahren

Mitspieler:
ab 12 Kinder

Wenn ein Kind die Gruppe auf Deutsch begrüßt, dann können die anderen auch versuchen, herauszufinden, ob es Hochdeutsch spricht oder nicht. In diesem Zusammenhang kann die Spielleitung dann den Kindern erklären, dass sich der bayerische Dialekt anders anhört als der sächsische oder der hanseatische.

Was ich dich fragen wollte …

Material:
ein Foto von jedem Kind, eine leere Schuhschachtel ohne Deckel, Goldpapier, Klebestifte, evtl. ein Handschmeichler

Alter:
ab 3 Jahren

Mitspieler:
ab 5 Kinder

Zur Spielvorbereitung reißen die Kinder kleine Stücke aus dem Goldpapier und bekleben damit die Schuhschachtel, in welche sie ihre Fotos legen. Dann setzten sich alle in den Stuhlkreis, in den die Spielleitung noch einen großen Stuhl stellt.

Eines der Kinder erhält die goldene Schuhschachtel mit den Fotos. Dieses Kind schließt seine Augen und holt sich ein Foto aus der Schachtel. Sollte es sich hierbei zufällig um das eigene Foto handeln, so legt es dieses wieder zurück und nimmt sich ein neues Foto heraus, das es schließlich herzeigt. Derjenige, der auf dem betreffenden Foto abgelichtet ist, setzt sich daraufhin auf den großen Stuhl und erhält dazu sein Foto. Beginnend mit dem Kind, das im Stuhlkreis rechts neben ihm saß, dürfen ihm nun alle reihum eine Frage stellen. Damit die Kinder wissen, wer von ihnen gerade das Wort hat, kann die Spielleitung dem betreffenden Kind auch einen Handschmeichler geben. Wer jedoch lieber nichts fragen möchte, der gibt diesen Handschmeichler gleich an seinen rechten Nachbarn weiter. Ist die Fragerunde beendet, setzt sich das befragte Kind wieder auf seinen ursprünglichen Platz im Stuhlkreis und legt sein Foto zur Seite. Es erhält nun den Schuhkarton, aus dem es sich ein neues Foto herausholen darf, woraufhin sich der darauf Abgebildete auf den großen Stuhl setzt. Sobald auf diese Weise alle Fotos gezeigt wurden und somit alle Kinder an der Reihe gewesen sind, ist das Spiel beendet.

Hier einige Beispiele für Fragen:

– „Sprichst du noch andere Sprachen? Falls ja, welche?"
– „Du heißt …(Name des Kindes). Weißt du, aus welchem Land dein Vorname stammt?"
– „In welchem Land machst du am liebsten Urlaub?"
– „Bist du in Deutschland geboren?"

„Bir", „two" und „tres"!

Wie heißen unsere Zahlen z. B. auf Türkisch, Englisch oder Spanisch? Obwohl die Ziffern in vielen Ländern gleich aussehen, werden sie in anderen Sprachen ganz anders bezeichnet!

Zur Vorbereitung zeichnet die Spielleitung auf einen weißen Fotokarton die Zahlen 1 bis 3 auf, und zwar mit jeweils ca. 3 cm Breite und 20 cm Höhe. Dann schneidet sie diese Zahlen aus.
Zu Beginn des Spiels bilden alle Kinder einen großzügigen Stuhlkreis, in dessen Mitte die zuvor ausgeschnittenen Zahlen platziert werden. Dann gehen die Kinder der Reihe nach in die Kreismitte, um dort die Zahlen zum Kennenlernern nacheinander in die Luft zu heben und sie auf Deutsch oder in einer anderen Sprache zu benennen.

Als Nächstes bestimmt die Spielleitung ein Kind, das seinen Stuhl aus dem Kreis herausnimmt und in die Kreismitte geht. Während alle anderen aufstehen, nimmt das Kind in der Kreismitte die Zahl 1, ruft z. B. „Uno!" (oder die Bezeichnung für die Eins in einer anderen Sprache) und deutet auf eines der Kinder im Kreis. Diesen Vorgang wiederholt es auch mit den beiden anderen Zahlen. Sobald es jedoch auf das dritte Kind zeigt, versucht dieses so schnell wie möglich einen seiner beiden Nachbarn abzuschlagen, welche ihrerseits versu-

Material:
ein weißer Fotokartonbogen, ein Lineal, ein Bleistift, eine Schere

Alter:
ab 5 Jahren

Mitspieler:
ab 7 Kinder

chen, sich so schnell wie möglich wieder auf ihre Stühle zu setzen. Wurde eines der beiden Kinder rechtzeitig abgeschlagen, dann geht es als Nächstes in die Kreismitte und tauscht mit dem bisher dort befindlichen Kind den Platz, um das Spiel von vorne zu beginnen. Konnte kein Kind abgeschlagen werden, dann übernimmt der in der Kreismitte stehende Mitspieler auch die nächste Runde.

Beispiele für die Zahlen von 1 bis 3 in anderen Sprachen:
– One, two, three (englisch)
– Un, deux, trois (französisch)
– Uno, dos, tres (spanisch)
– Uno, due, tre (italienisch)
– Jedan, dva, tri (kroatisch)
– Bir, iki, ütsch (türkisch)
– Ena, dio, tria (griechisch)

Viele Länder, eine Welt!

Material:
ein großer, aufblasbarer Ball mit aufgedruckter Weltkarte oder ein Gymnastikball

Alter:
ab 5 Jahren

Mitspieler:
ab 8 Kinder

Die Kinder stellen sich vor ihren Stühlen im Stuhlkreis auf. Einer der Mitspieler erhält nun den aufgeblasenen Erdball und nennt ein Land. Danach rollt er den Ball einem anderen Kind zu und setzt sich auf seinen Stuhl. Das Kind, welches jetzt den Ball besitzt, nennt einen weiteren Ländernamen, rollt den Ball in Richtung eines dritten Mitspielers weiter und setzt sich ebenfalls auf seinen Platz. Sobald alle Kinder ein bestimmtes Land benennen konnten und im Stuhlkreis sitzen, ist das Spiel beendet. Sollte jedoch ein Land zweimal genannt werden, fängt das Spiel von vorne an.

Variante für ältere Kinder: Das Kind, welches gerade an der Reihe ist, wiederholt sämtliche zuvor genannten Staaten und fügt erst dann einen neuen Ländernamen hinzu.

Lebensmittel aus verschiedenen Ländern

Die eine Hälfte der Gruppe bildet einen Kreis, während die restlichen Mitspieler je eine Nahrungsmittelverpackung erhalten und sich damit in die Kreismitte begeben. Zum Kennenlernen benennen die Kinder zunächst einmal gemeinsam die Lebensmittel und überlegen, aus welchen Ländern sie stammen. Wenn die Spielleitung nun die Triangel erklingen lässt, gehen die Kinder in der Mitte auf jeweils ein freies Kind im Kreis zu und fragen es, wie das von ihnen gehaltene Lebensmittel heißt und aus welchem Land es stammt. Stimmt die Antwort, so übergeben sie ihrem Partner den Gegenstand, den sie in der Hand halten und tauschen mit ihm den Platz. Anschließend wird mit der Triangel eine neue Spielrunde eingeläutet.

Material:

Verschiedene Nahrungsmittelverpackungen, die jeweils ein Land repräsentieren (z. B. Croissant, Bauernbrot aus Holz o. Ä., leerer Joghurtbecher, leeres Erdnussbutterglas, je eine leere Tee- und Kakaodose, Pizzakarton usw.), eine Triangel

Einige Beispiele für Lebensmittel aus verschiedenen Ländern:
– Croissant (Frankreich)
– Bauernbrot (Deutschland)
– Pizza (Italien)
– Joghurt (Türkei)
– Erdnussbutter
  (USA)
– Tee (China)
– Kakao
  (Afrika)

Alter:
ab 5 Jahren

Mitspieler:
ab 12 Kinder (immer in gerader Anzahl)

Kräuter und Gewürze – Woher stammen sie?

Material:
ein Softball oder ein großer, aufblasbarer Ball mit aufgedruckter Weltkarte, sechs Dessertteller, sechs unterschiedliche Kräuter und Gewürze, die möglichst vielen Kindern bereits bekannt sein sollten.

Alter:
ab 5 Jahren

Mitspieler:
ab 5 Kinder

Kräuter und Gewürze sind überaus wichtige Zutaten in der Küche, dienen zur Geschmacksabrundung und enthalten wertvolle Inhaltsstoffe. Woher stammt jedoch, die Paprika, die z. B. als edelsüßer Belag für Lángos, eine ungarische Spezialität, gerne benutzt wird? Und woher stammt Petersilie, deren Grün unser Auge erfreut und u. a. Spaghetti Napoli so schmackhaft macht?

Zunächst bilden alle Kinder bis auf eines einen großzügigen Kreis. Der verbliebene Mitspieler positioniert sich in der Kreismitte und erhält einen großen aufblasbaren Ball mit aufgedruckter Weltkarte oder einen Softball, der die Erde darstellt. Dann überlegen sie gemeinsam, woher insgesamt sechs Kräuter und Gewürze stammen, welche die Spielleitung auf einzelne Teller legt und im Kreis zum Riechen herumreicht.

Danach fragt der in der Mitte stehende Mitspieler z. B.: „Woher stammt der Senf?" Glauben die Kinder, dass sie die Frage beantworten können, heben sie ihre Hand. Der Mitspieler in der Kreismitte beobachtet alle aufmerksam und wirft einem Kind den Ball zu. Gibt das Kind eine falsche Antwort, wirft es den Ball wieder zurück und das Ausgangskind wirft den Ball einem anderen Kind zu, das sich per Handzeichen meldet. Sollte die Antwort stimmen, tauschen beide ihre Plätze, und eine neue Spielrunde beginnt.

Sechs Beispiele für Kräuter und Gewürze aus verschiedenen Ländern und Regionen:
– Petersilie (Südeuropa)
– Senf (Mittelmeerraum)
– Paprika (Amerika)
– Curry (Indien)
– Zimt (Sir Lanka)
– Basilikum (Asien)

Was weißt du über mich?

Vor dem Spiel malen die Kinder, die aus einem bestimmten Herkunftsland stammen, ihre Nationalflagge auf einen großen, weißen Papierbogen. Dabei orientieren sie sich an Abbildungen (z. B. aus einem Lexikon), die sie von der Spielleitung erhalten.

Danach setzen sich alle auf Kissen im Kreis auf den Boden, während die selbst gemalten Flaggen in die Kreismitte gelegt werden. Nun blinzelt die Spielleitung einem Kind zu, welches sich eine Flagge nehmen darf, jedoch nicht diejenige seines Herkunftslandes. Danach kann die Spielleitung, passend zu der jeweiligen Flagge, z. B. Folgendes fragen: „Welches Kind kommt aus Italien?" Daraufhin geht das Kind mit der italienischen Flagge auf einen Mitspieler zu, von dem es glaubt, dass er aus Italien stammt. Sollte die Vermutung richtig sein, legt es die Flagge wieder zurück in die Mitte und wechselt mit dem von ihm richtig zugeordneten Mitspieler den Platz, welcher seinerseits das Spiel mit einer neuen Flagge wiederholt.

Bei diesem Spiel gibt es natürlich viele weitere Möglichkeiten, mit der Nationalität zusammenhängende Fragen zu stellen: Wenn ein Kind etwa eine türkische Flagge in den Händen hält, macht es sich z. B. auf die Suche nach jemandem aus der Gruppe, der gut türkisch sprechen kann, gern Kebab oder Börek isst, schon einmal in der Türkei gewesen ist usw.

Material:
ein großer, weißer Papierbogen für jedes Herkunftsland der Kinder in der Gruppe, Abbildungen der einzelnen Nationalflaggen, Wachsmalkreide

Alter:
ab 5 Jahren

Mitspieler:
ab 5 Kinder

Alle Menschen brauchen ...

Groß und Klein brauchen zum Leben in erster Linie Wasser, Nahrungsmittel, Kleidung und eine Wohnung. Darüber hinaus gibt es jede Menge Dinge, die man nicht kaufen kann, die jedoch sehr wichtig sind.

Die Kinder überlegen, was die Menschen alles brauchen, um (über-) leben zu können. Dann holt sich ein Kind einen Wollknäuel, geht

Material:
ein Wollknäuel

Alter:
ab 5 Jahren

Mitspieler:
ab 5 Kinder

auf einen beliebigen Mitspieler im Kreis zu, bleibt vor ihm stehen und sagt: „Was brauchen alle Menschen?" Der angesprochene Mitspieler versucht, die Frage zu beantworten, indem er z. B. sagt: „Alle Menschen brauchen Liebe!" Ist das fragende Kind der gleichen Meinung, dann hält es das Fadenende fest und übergibt dem Befragten den Wollknäuel. Dann stellt sich der Befragte vor das fragende Kind, und beide gehen nun zu zweit im Innenkreis herum, bis das Kind mit dem Wollknäuel vor einer weiteren Person aus der Gruppe stehen bleibt, ihm die gleiche Frage stellt usw. Das Spiel ist beendet, wenn alle Kinder ein Stück des Fadens in der Hand halten.

Hände und Füße, wem gehören sie?

Material:
eine Augenbinde, eine
Handtrommel

Je öfter die Kinder das folgende Spiel durchführen, desto mehr wird ihnen bewusst, dass alle Menschen – ganz unabhängig von ihrer Herkunft – viele Gemeinsamkeiten haben.

Alter:
ab 4 Jahren

Mitspieler:
ab 12 Kinder

Alle Kinder bis auf eines stellen sich in einer Reihe hintereinander im Kreis auf. Das verbliebene Kind begibt sich in die Kreismitte und bekommt von der Spielleitung die Augen verbunden. Zudem erhält es eine Handtrommel. Dann gehen alle zum Rhythmus der Trommel im Kreis herum. Stoppt das Trommelspiel, bleiben alle Kinder stehen, wenden sich dem Kind in der Kreismitte zu und strecken ihm beide Hände entgegen. Der in der Mitte befindliche Mitspieler geht seinerseits auf die Kinder im Kreis zu. Sobald er dabei die Hand eines Kindes berührt, versucht er zu erraten, aus welchem Land das betreffende Kind stammt. Dann nimmt er seine Augenbinde ab, und ein weiteres Kind wiederholt das Spiel. Nach ein paar Durchgängen überlegen alle, ob diese Aufgabe so ohne Weiteres gelöst werden kann!

Variante: Anstelle der Hände darf das Kind, welches die Augen verbunden hat, im Kreis herumkrabbeln und ein Paar Füße suchen und abtasten. Dazu sollten die Kinder möglichst ihre Schuhe ausziehen.

Berge, Wüste oder das Meer?

Die Hälfte der Kinder bildet einen lockeren Kreis, während die übrigen je eine Postkarte erhalten, auf der ein Landschaftsbild aus einem bestimmten Land zu sehen ist. Dann heben alle nacheinander ihre Postkarten gut sichtbar in die Luft und bestimmen gemeinsam zu jedem Bildmotiv das dazugehörige Land, welches sie sich gut merken.

Anschließend laufen die Kinder mit den Postkarten zur Musik und im Slalom um die auf der Kreisbahn Stehenden herum. Sie tun dies so lange, bis die Spielleitung die Pausentaste des Abspielgeräts drückt. Daraufhin bleiben die Kinder mit ihren Postkarten stehen und wenden sich jeweils einem Kind zu, das in diesem Augenblick ganz in ihrer Nähe im Kreis steht. Diesem Kind zeigen sie nun ihr Bildmotiv. Kann das Partnerkind das dazugehörige Land benennen? Diejenigen Kinder, welche die Aufgabe erfüllen konnten, bekommen die Postkarte überreicht und wechseln mit ihrem Partner den Platz. Wenn die Musik wieder beginnt, startet der Slalom durch den Kreis von Neuem.

Material:
Postkarten, auf denen ein Landschaftsbild aus einem bestimmten Land abgebildet sind, für jedes 2. Kind, Volksmusik aus unterschiedlichen Ländern

Alter:
ab 5 Jahren

Mitspieler:
ab 10 Kinder, immer in gerader Anzahl

Länderwunsch-Runde

Bei dem folgenden Spiel, das so ähnlich verläuft wie das bekannte „Mein rechter Platz ist frei", lernen die Kinder die Herkunftsländer ihrer Spielkameraden kennen.

Nachdem die Gruppe einen Stuhlkreis gebildet hat, platziert der Spielleiter einen zusätzlichen Stuhl zwischen zwei der im Stuhlkreis

Alter:
ab 4 Jahren

Mitspieler:
ab 12 Kinder

sitzenden Kinder. Dasjenige Kind, dessen rechter Platz dadurch frei ist, beginnt nun das Spiel, indem es mit der flachen Hand leicht auf den unbesetzten Stuhl patscht und fragt: „Frankreich (oder die Türkei, Italien usw.) kenne ich und mag ich sehr. Kommt jemand aus diesem Land her?"

Diejenigen Kinder, die aus dem genannten Land stammen, melden sich daraufhin per Handzeichen. Das fragende Kind wählt eines davon aus, welches sich nun auf den freien Stuhl setzen darf. Sollte sich jedoch niemand melden, dann nennt das fragende Kind auf die gleiche Art ein weiteres Land. Weil nun ein anderer Stuhl frei geworden ist, übernimmt der links von diesem freien Stuhl sitzende Mitspieler als Nächstes die Rolle des Fragenden. Erst wenn alle wenigstens einmal nach einem Land fragen und den Platz wechseln konnten, ist das Spiel beendet.

Was weißt du über das Land?

Material:
4 bis 5 Flaggen, evtl. selbst hergestellt, eine Handdtrommel

Alter:
ab 5 Jahren

Mitspieler:
ab 8 Kinder

Wie in dem Spiel „Was weißt du über mich?" (vgl. S. 39) malen die Kinder zur Vorbereitung evtl. zunächst vier bis fünf Nationalflaggen. Dann stellen sich alle im Kreis auf. Die Spielleitung verteilt die Flaggen im Kreis und stellt sich mit einer Handtrommel in die Mitte. Zum Rhythmus der Trommel geben die Kinder nun ihre Flaggen im Uhrzeigersinn so lange weiter, bis das Trommelspiel abbricht. Die Spielleitung nennt daraufhin eines derjenigen Länder, dessen Nationalflagge sich in den Händen eines der Kinder befindet. Das betreffende Kind tritt einen Schritt nach vorne und versucht, so viel wie möglich über dieses Land zu berichten. Alle anderen hören aufmerksam zu und können gegebenenfalls die Aussagen des Kindes berichtigen oder ergänzen. Anschließend stellt sich das Kind wieder zurück in den Kreis, und das Spiel geht zum Rhythmus der Trommel weiter.

Mein und dein Land

Die Kinder stehen im Kreis und überlegen, ob es ein Land gibt, das ihnen besonders gut gefällt oder das sie schon immer einmal besuchen wollten. Danach wählt die Spielleitung ein Kind aus, das sich in die Kreismitte stellt und bei jeder Silbe des folgenden Abzählverses nacheinander auf die anderen Kinder im Kreis deutet:
„Welches Land ist deine Nummer Eins?
Vielleicht ist es auch meins!"
Dasjenige Kind, auf welches der Mitspieler im Kreis am Schluss des Verses deutet, teilt daraufhin sein Lieblingsland mit. Sollte das Kind das gleiche Land als seinen Favoriten nennen wie der Mitspieler im Kreis, dann sagt dieser:
„Schön, dass wir den gleichen Geschmack haben.
Ich möchte jedoch noch jemand anderen fragen!"
Dann wiederholt der Mitspieler im Kreis das Spiel so lange, bis ein Kind ein anderes Land benennt als er. Ist dies der Fall, wechseln die beiden ihre Plätze miteinander.

Alter:
ab 5 Jahren

Mitspieler:
ab 7 Kinder

„Hello" und „Bonjour" an alle im Kreis!

Spiele zur Förderung des Interesses am Englisch- und Französischlernen

Heutzutage wird Englisch in vielen Ländern als erste Fremdsprache gelehrt. Es ist die rund um den Erdball am weitesten verbreitete Sprache und gehört neben Deutsch und Französisch sicherlich zu den wichtigsten Fremdsprachen in der Europäischen Union.

Kinder im Vorschulalter lernen eine Fremdsprache besonders leicht, wenn sie ihnen spielerisch vermittelt wird. Sie haben viel Freude daran, wenn sie neue oder altbekannte Lieder, Spiele oder andere Angebote in einer anderen Sprache kennen lernen dürfen. Es gefällt

ihnen und macht sie stolz, wenn sie ein paar Wörter oder Sätze auf Englisch oder Französisch richtig aussprechen und verstehen können. Dennoch kann man nicht erwarten, dass sie im Kindergarten eine Fremdsprache sprechen lernen. Vielmehr geht es darum, dass in diesem Alter das Interesse am Fremdsprachenlernen geweckt und gefördert wird. Zudem kann das, was die Kinder bereits in jungen Jahren lernen, auch später in der Schule und im Alltag nützlich sein.

Grundsätzlich sollte das Fremdsprachenlernen ein Angebot für alle Kinder im Kindergarten sein. Dennoch gibt es in diesem Kapitel einige (Stuhl-)Kreisspiele, die sich aufgrund der Spielanforderungen eher für ältere Kinder eignen. Deshalb empfiehlt es sich, auch hier auf die Altersangabe bei den einzelnen Spielen zu achten. Auf diese Weise kommen alle Kinder auf ihre Kosten, ohne dass sie unter Leistungsdruck geraten.

Alle Spiele des folgenden Kapitels lassen sich natürlich sowohl auf Englisch wie auch auf Französisch durchführen, die Bezeichnungen in der jeweils anderen Sprache wurden immer unten an das Spiel angefügt.

„Good morning, everybody!"
(„Guten Morgen, alle miteinander!")

Alle Kinder bis auf eines stellen sich hintereinander im Kreis auf. Das verbliebene Kind steht in der Kreismitte und trommelt einen beliebigen Rhythmus, zu dem sich die anderen im Takt im Kreis herum bewegen. Stoppt das Trommelspiel, so bleiben alle stehen und wenden sich dem Kind in der Mitte des Kreises zu. Dieses geht auf denjenigen Mitspieler zu, der gerade unmittelbar vor ihm steht, um ihn folgendermaßen zu begrüßen: „Good morning, (Name des

Material:
eine Handtrommel

Alter:
ab 3 Jahren

45

Mitspieler:
ab 5 Kinder

Kindes)!" Danach wechseln die beiden ihre Plätze miteinander. Das-jenige Kind, das nun in der Kreismitte steht, beginnt erneut, die Trommel zu schlagen, womit eine neue Runde des Spiels beginnt. Nach ein paar Durchgängen bleiben alle stehen, drehen sich in Richtung Kreismitte, geben sich die Hände und sagen am Ende laut: „Good morning, everbody!"

Dieses Spiel kann natürlich auch auf Französisch gespielt werden:

„Bonjour, (Name des Kindes)!" *(„Guten Morgen/Guten Tag, … !")*

„Bonjour, tout le monde!" *(„Guten Morgen/Guten Tag, alle miteinander!")*

„Bonjour, ...!"
(„Guten Morgen/Guten Tag, ...!")

Material:
ein Softball

Alter:
ab 3 Jahren

Mitspieler:
ab 6 Kinder

Alle Kinder bis auf eines stellen sich im Kreis auf. Das verbliebene Kind holt einen Ball, geht damit in die Mitte des Kreises und wirft den Ball einem anderen Mitspieler zu, der jetzt ebenfalls damit in die Kreismitte geht. Währenddessen sagen alle laut: „Bonjour, (Name des Kindes)!" Danach wirft der zuletzt in die Kreismitte gekommene Mitspieler den Ball einem weiteren, außen im Kreis stehenden Kind zu, welches sich als Nächstes in die Mitte aufmacht usw. Jedes Kind, das auf diese Weise in die Mitte des Kreises kommt, wird von allen anderen wie oben erläutert auf Französisch begrüßt.

Am Ende wirft das Kind, das als letztes in die Mitte des Kreises gekommen ist, dem Ausgangskind den Ball zu, um es gemeinsam mit den übrigen Kindern auf Französisch zu begrüßen.

Auf Englisch lautet der entsprechende Gruß:

„Good morning/Hello, (Name des Kindes)!"

(„Guten Morgen/Hallo, …!")

46

„My name is ...!"
(„Mein Name ist ...!"/„Ich heiße ...!")

Zunächst bilden alle Kinder einen Stuhlkreis und stellen sich vor ihre Stühle. Ein Mitspieler erhält einen Softball, positioniert sich in der Mitte des Kreises und sagt: „My name is (Name des Kindes)!" Danach schaut er sich im Kreis um und wirft den Ball einem anderen Kind seiner Wahl zu, mit dem er dann auch den Platz tauscht und sich auf dessen Stuhl setzt. Das jetzt neu in der Kreismitte stehende Kind setzt das Spiel wie eben beschrieben fort. Erst wenn alle Kinder auf diese Weise im Stuhlkreis sitzen, ist das Spiel beendet.
Auf Französisch lautet der Vorstellungssatz:
„Je m'appelle (Name des Kindes)!" („Ich heiße …!")

Material:
ein Softball

Alter:
ab 4 Jahren

Mitspieler:
ab 5 Kinder

„What's your name?"
(„Wie heißt du?")

Zur Spielvorbereitung erhalten alle Kinder je ein farbiges Tuch, wobei jede Farbe zweimal vorhanden sein muss. Die Spielleitung achtet darauf, dass zu Spielbeginn nicht diejenigen Kinder nebeneinander im Kreis stehen, welche die gleiche Tuchfarbe haben. Danach schaltet sie die Tanzmusik ein, zu welcher die Kinder nun ihre Tücher im Uhrzeigersinn von Hand zu Hand weiterreichen. Das geht solange, bis die Spielleitung die Pausentaste des Abspielgeräts drückt. Daraufhin gehen diejenigen Mitspieler, welche Tücher in der gleichen Farbe haben, aufeinander zu und geben sich die Hände. Eines der Kinder von jedem Paar fragt seinen Partner: „Hello! What's your name?" Daraufhin antwortet dieser: „My name is (Name des Kindes)!" („Ich heiße …!") Anschließend tauschen beide die Rollen, d. h., nun

Material:
pro Kinderpaar zwei Tücher in der gleichen Farbe, Tanzmusik

Alter:
ab 5 Jahren

Mitspieler:
ab 10 Kinder

47

beantwortet das erste Kind dieselbe, von seinem Partner gestellte Frage. Sobald jedoch die Spielleitung die Tanzmusik erneut einschaltet, bilden alle rasch wieder einen Kreis und setzten das Spiel wie erläutert fort.

Auf Französisch lauten die Frage und die Antwort:

„Salut! Tu t'appelles comment?"   („Hallo! Wie heißt du?")
„Je m'appelle (Name des Kindes)!"   (Ich heiße …!)

Variante für jüngere Kinder: Die Kinder fragen nicht nach den Vornamen ihres Partners, sondern sagen sich lediglich gegenseitig, wie sie heißen.

„Où est …?"
(„Wo ist …?")

Alter:
ab 4 Jahren

Mitspieler:
ab 8 Kinder

Nachdem die Kinder und die Spielleiterin einen Kreis gebildet haben, stellen sich zwei von ihnen Rücken an Rücken in die Mitte dieses Kreises. Dann sucht sich die Spielleiterin in Gedanken eines der auf der Kreisbahn stehenden Kinder aus und fragt: „Qù est (Name des Kindes)?" Die in der Kreismitte befindlichen Mitspieler machen sich daraufhin so schnell wie möglich auf die Suche nach dem genannten Kind. Sobald einer von beiden vor dem gesuchten Kind steht, ruft er laut: „Ici est (Name des Kindes)!" („Hier ist …!) Anschließend wechselt er mit dem gesuchten Kind den Platz. Dieses stellt sich nun mit dem verbliebenen Kind erneut Rücken an Rücken in der Kreismitte auf, woraufhin die Spielleiterin nach einem weiteren Kind im Kreis Ausschau hält und damit eine neue Spielrunde einläutet.

Auf Englisch lauten die Frage und die Antwort:

„Where is (Name des Kindes)?"   („Wo ist …?")
„Here is (Name des Kindes)!"   („Hier ist …!")

„Hello, ...! How are you?"
("Hallo,...! Wie geht es dir?")

Die Hälfte der Kinder bildet einen großzügigen Kreis und alle übrigen Kinder holen sich jeweils einen Stuhl, den sie zwischen die stehenden Kinder auf der Kreisbahn stellen. Danach begeben sie sich in die Mitte des Kreises und gehen dort zum Rhythmus der Trommel kreuz und quer herum. Sobald jedoch das Trommelspiel stoppt, suchen sie sich jeweils einen freien Stuhl und setzen sich auf ihn. Eines der beiden Kinder, die nun neben dem jeweils sitzenden Mitspieler stehen, stellt sich direkt vor diesen hin und sagt: „How are you?" Daraufhin steht dieser Mitspieler wieder auf und sagt: „Thanks! I am fine!" („Danke, gut!") Anschließend begeben sich alle wieder auf ihre Ausgangsposition, und das Spiel beginnt von Neuem. Nach ein paar Durchgängen werden die Rollen getauscht.

Auf Französisch lauten die Frage und die Antwort:

„Salut, (Name des Kindes)! Ça va?"   („Guten Tag, ...! Wie geht's?")

„Oui, ça va, merci!"   („Danke, gut!")

Material:
eine Handtrommel

Alter:
ab 4 Jahren

Mitspieler:
ab 10 Kinder

„Where is number 10?"
("Wo ist die Nummer 10?")

Die Kinder bilden zunächst einen Kreis. Zur Spielvorbereitung üben sie die Zahlen von 1 bis 10 auf Englisch ein, indem sie z. B. einmal auf der Stelle hüpfen, zweimal auf den Boden stampfen, dreimal auf die Oberschenkel patschen usw. und dabei auf Englisch zählen. Dann verlässt eines der Kinder den Kreis und stellt sich in die Kreismitte. Von dort aus geht es nun auf einen Mitspieler seiner Wahl zu

Alter:
ab 5 Jahren

Mitspieler:
ab 11 Kinder

49

und ruft laut: „One!" Danach wechseln diese beiden Kinder ihre Plätze. Der neu in der Kreismitte befindliche Mitspieler geht jetzt seinerseits auf ein weiteres Kind im Kreis zu und ruft laut: „Two!" Auch hier werden im Anschluss wieder die Positionen getauscht, und auf diese Art wird das Spiel so lange weitergeführt, bis die 10 an der Reihe ist. Nun aber läuft der Mitspieler, der mit „Ten!" angerufen wurde, so schnell wie möglich einmal um den Außenkreis herum. Das Kind in der Kreismitte nimmt die Verfolgung auf und läuft hinterher. Schafft es der Gejagte, sich wieder auf seinen Ausgangsplatz zu stellen, bevor er vom Fänger erwischt wird? Falls ja, darf er anschließend die nächste Spielrunde eröffnen. Wenn nicht, darf der Fänger ein weiteres Kind seiner Wahl mit „One" anrufen, woraufhin die Verfolgungsjagd von Vorne beginnt.

Die Zahlen von 1 bis 10 lauten …
… auf Englisch: one, two, three, four, five, six, seven, eight, nine, ten.
… auf Französisch: un, deux, trois, quatre, cinq, six, sept, huit, neuf, dix.

„Number 7!"
(„Nummer 7!")

Material:
pro Kind: Notizblatt, Stück Wollfaden (min. 75 cm), ein schwarzer, dicker Filzstift, ein Locher

Zur Vorbereitung schreibt die Spielleitung mit dem Filzstift für jeweils zwei bis drei Kinder die gleiche Zahl auf die Notizblätter. Dann werden diese Blätter gelocht, und durch die Löcher wird jeweils ein Faden gezogen, dessen beiden Enden schließlich so verknotet werden, dass eine große Schlaufe entsteht.
Die Notizblätter mit den Zahlen werden dann an die im Stuhlkreis sitzenden Kinder verteilt, welche sich diese Zettel um den Hals hän-

gen. Danach wählt die Spielleitung ein Kind aus, das sich nun eine Zahl aussucht und dann z. B. sagt: „Number 7!" Diejenigen Mitspieler, deren Zahl auf diese Weise genannt wurde, müssen jetzt blitzschnell aufstehen, zwei Fäuste bilden und ausgehend vom Daumen der rechten Hand die entsprechende Anzahl an Fingern ausstrecken. Wem das zuerst gelingt, der darf die nächste Zahl nennen.

Alter:
ab 5 Jahren

Mitspieler:
ab 5 Kinder

„Red, blue or green?"
(„Rot, blau oder grün?")

Bevor das Spiel beginnt, machen sich die Kinder mit den englischen Bezeichnungen für einige Farben vertraut, indem sie sich im Kreis aufstellen und die Spielleitung dabei beobachten, wie sie z. B. auf ihre blaue Hose zeigt und „blue" sagt. Daraufhin darf eines der Kinder einen blauen Gegenstand suchen und diesen in die Kreismitte legen. Währenddessen rufen alle Kinder mehrmals „blue!" Auf die gleiche Weise lernen die Kinder auch die anderen Farben auf Englisch kennen.

Für das dann folgende Spiel stellen sich alle Kinder bis auf eines vor ihren Stühlen im Kreis auf. Der verbliebene Mitspieler positioniert sich in der Kreismitte und teilt der Gruppe seine Lieblingsfarbe mit,

Alter:
ab 4 Jahren

51

indem er z. B. „red!" ruft. Daraufhin prüfen alle möglichst schnell nach, ob sie gerade etwas Rotes anhaben, wobei nicht nur ganze Kleidungsstücke zählen, sondern auch der kleinste Farbklecks oder z. B. Knöpfe o. Ä. Dann setzen sich alle blitzschnell auf ihren Stuhl. Gelingt es jedoch dem Kind in der Mitte des Kreises, vorher jemanden mit etwas Rotem zu berühren, so tauschen diese beiden Mitspieler ihren Platz miteinander. Wenn das Kind in der Kreismitte jedoch niemand abschlagen kann, läutet es die nächste Runde ein, indem es nochmals seine Lieblingsfarbe nennt.

Die Bezeichnungen für einige Farben auf Englisch und Französisch lauten:
– blue – bleu (blau)
– red – rouge (rot)
– yellow – jaune (gelb)
– pink – rose (rosa)
– brown – brun (braun)
– white – blanc (weiß)
– black – noir (schwarz)
– green – vert (grün)

„The traffic light is red!"
(„Die Ampel ist rot!")

Material:
pro Kind ein kleines rotes und grünes Papierblatt

Während alle einen Kreis bilden, positioniert sich eines der Kinder in dessen Mitte. Dann erhalten alle von der Spielleitung jeweils zwei kleine Faltblätter in den Farben Rot und Grün. Das Kind in der Kreismitte spielt nun die Ampel und sagt: „The traffic light is green (bzw. red)!" Daraufhin müssen alle ihr grünes Faltblatt in die Höhe halten und auf der Stelle gehen (bzw. das rote Blatt heben und stehen blei-

ben). Konnten alle Mitspieler richtig reagieren bzw. die Anweisung richtig versehen? Zur Kontrolle zeigt auch die „Ampel" Grün und geht dabei auf der Stelle (bzw. Rot und bleibt dabei stehen). Danach tauscht das Kind in der Mitte mit einem derjenigen Mitspieler, welcher die Anweisung richtig erfüllen konnte, den Platz.

Alter:
ab 4 Jahren

Mitspieler:
ab 6 Kinder

Auf Französisch lauten die entsprechenden Sätze:
„Le feu est vert!"   („Die Ampel ist grün!")
„Le feu est rouge!"   („Die Ampel ist rot!")

„Which day is today?"
("Welcher Wochentag ist heute?")

Zur Spielvorbereitung lernen die Kinder die einzelnen Wochentage auf Englisch, indem sie zwei Fäuste machen und, ausgehend vom Daumen der rechten Hand, für jeden Wochentag einen Finger ausstrecken. Dann legen sich alle Kinder im Kreis mit dem Rücken auf ihre Isomatten oder Decken. Der Spielleiter steht in der Kreismitte und nennt langsam und der Reihe nach die einzelnen Wochentage auf Englisch. Zu jedem Wochentag bilden die Kinder Fäuste und recken und strecken ihre Arme in die Luft. Sobald der Spielleiter aber „sunday!" ruft, dürfen sich alle ausruhen und liegen bleiben. Wenn das Spiel gut klappt, dann nennt die Spielleitung die Wochentage als Nächstes in einer willkürlichen Reihenfolge und etwas schneller. Wer jetzt falsch reagiert (also z. B. bei „monday!" ruhig liegen bleibt oder bei „Sunday!" die Fäuste in die Höhe streckt), der setzt sich auf seine Isomatte oder Decke. Wer nach ca. einer Minute noch dabei ist, wird zum Sieger erklärt!

Material:
pro Kind eine Isomatte bzw. Decke, eine Eieruhr

Alter:
ab 5 Jahren

Mitspieler:
ab 5 Kinder

53

 „Hello" und „Bonjour" an alle im Kreis!

Die Wochentage auf Englisch und Französisch:
– monday – lundi (Montag)

– tuesday – mardi (Dienstag)

– wednesday – mercredi (Mittwoch)

– thursday – jeudi (Donnerstag)

– friday – vendredi (Freitag)

– saturday – samedi (Samstag)

– sunday – dimanche (Sonntag)

The animals
(Die Tiere)

Material:
Tierbilder (s. dazu die Kopiervorlagen), Papierbögen, Scheren, Kleber, evtl. Buntstifte, eine Handtrommel

Alter:
ab 4 Jahren

Mitspieler:
ab 5 Kinder

Bei dem folgenden Spiel sollten die Kinder ein paar Tiere auf Englisch benennen können. Jüngere Kinder lernen vier bis fünf Tiernamen, ältere bis zu zwölf.

Vor dem Spiel fertigt die Spielleitung vergrößerte Kopien der zwölf folgenden Tierbilder an, welche die Kinder dann ausschneiden und, wenn sie möchten, anmalen. Schließlich wird jeweils ein Tierbild auf einen Papierbogen geklebt und evtl. laminiert.

Zum Kennenlernen der englischen Tiernamen stellen sich die Kinder gemeinsam mit der Spielleitung im Kreis auf. Dann zeigt die Spielleitung den Kindern z. B. das Bild, auf dem ein Pferd zu sehen ist, und sagt dabei laut „a horse!" Haben sich den entsprechenden englischen Begriff eingeprägt, dann fährt sie mit dem nächsten Bild fort usw.

Zu Spielbeginn stellt sich dann eines der Kinder in die Mitte des von der Gruppe gebildeten Kreises, ruft einen Mitspieler mit seinem Vornamen auf und überlegt sich eines der Tiere, für die Abbildungen vorhanden sind. Danach bewegt es sich pantomimisch in Richtung

des von ihm ausgewählten Mitspielers, d. h., es hüpft also z. B. wie ein Hase zu ihm hin. Kann der anvisierte Mitspieler nun, bevor er von dem „Hasen" berührt wird, ganz laut „a rabbit!" rufen, dann tauschen die beiden ihre Plätze miteinander, und der jetzt in der Kreismitte befindliche Mitspieler setzt das Spiel mit einem anderen Tier, das es pantomimisch darstellt, fort. Gelingt es dem „Hasen" jedoch, den Mitspieler vorher abzuschlagen, dann darf er einen weiteren Mitspieler aufrufen, zu dem er dann ebenfalls hinhüpft.

Einige Tiere auf Englisch und Französisch:

a rabbit – un lapin	(ein Kaninchen)
a dog – un chien	(ein Hund)
a cat – un chat	(eine Katze)
a pig – un porc	(ein Schwein)
a cow – une vache	(eine Kuh)
a butterfly – un papillon	(ein Schmetterling)
a bird – un oiseau	(ein Vogel)
a lion – un lion	(ein Löwe)
an elephant – un éléphant	(ein Elefant)
a monkey – un singe	(ein Affe)
a giraffe – une girafe	(eine Giraffe)
a fish – un poisson	(ein Fisch)

„Look at the picture!"
(„Schau auf das Bild!")

Material:
Tierbilder (s. dazu die oben stehenden Kopiervorlagen), Papierbögen, Scheren, evtl. Buntstifte, eine Handtrommel

Alter:
ab 5 Jahren

Zunächst werden, wie im vorhergehenden Spiel, die Tierbilder hergestellt, hier jedoch für jeweils zwei Kinder eine Tierart.

Dann erhalten alle Kinder die Tierbilder und bilden einen Kreis. Die Spielleitung stellt sich in die Kreismitte und schlägt die Handtrommel. Zum Rhythmus der Trommel reichen die Kinder nun die Bilder im Uhrzeigersinn von einem zum anderen weiter. Währenddessen geht die Spielleitung auf eines der Kinder zu, bleibt vor diesem stehen und hört dann auf, zu trommeln. Daraufhin reichen auch die Kinder die Bilder nicht mehr von Hand zu Hand weiter. Als Nächstes geht das von der Spielleitung ausgewählte Kind in die Kreismitte und stellt dort dasjenige Tier, welches auf seinem Bild zu sehen ist, pantomimisch dar. Wer von den übrigen Kindern errät, um welches

Tier es sich handelt, und ruft dann am schnellsten z. B. „a rabbit"? Der Schnellste aus der Gruppe darf dann die Rolle der Spielleitung übernehmen und in der nächsten Spielrunde die Trommel schlagen.

Variante: Eines der Kinder steht in der Kreismitte und zeigt für alle sichtbar sein Bild (z. B. den Hund). Alle anderen stellen dieses Tier von ihrem Platz aus pantomimisch dar. Doch wer von den Kindern weiß auch, wie das Tier auf Englisch heißt? Die Kinder rufen ihre Vermutung in die Runde, und die Spielleitung gibt die Antwort!

Mitspieler:
ab 10 Kinder, jedoch in einer geraden Anzahl

„Qu' est-ce que c'est?"
(„Was ist das?")

Zunächst lernen die Kinder die französischen Bezeichnungen für die zwölf unten abgebildeten Lebensmittel kennen. Dazu deutet die Spielleitung auf die einzelnen Abbildungen in diesem Buch und spricht mit den Kindern laut den entsprechenden französischen Namen aus. Bilder derjenigen Lebensmittel, welche die Kinder bereits gut aussprechen können, kopiert die Spielleitung und schneidet sie aus. Dann werden diese ausgeschnittenen Bilder, welche die Kinder auch ausmalen können, auf jeweils einen Bogen Papier geklebt und evtl. laminiert.

Zu Beginn des dann folgenden Spiels verteilt die Spielleitung die Bilder in der Mitte des Stuhlkreises und zwar so, dass die Bildmotive verdeckt sind. Danach dreht sie ein beliebiges Bild um, auf dem z. B. eine Orangenlimonade abgebildet ist, und fragt die Kinder: „Qu' est-ce que c'est?" Wer wird wohl am schnellsten antworten und ganz laut „C'est une limonade d'orange!" („Es ist eine Orangenlimonade!") rufen? Das betreffende Kind darf als Nächstes in die Kreismitte und das Bild wieder umdrehen. Anschließend deckt es ein

Material:
Bilder von Lebensmitteln (s. dazu Kopiervorlagen, S. 58), Papierbögen, Scheren, evtl. Buntstifte

Alter:
ab 5 Jahren

Mitspieler:
ab 6 Kinder

anderes Bild auf und stellt den übrigen Kinder ebenfalls die Frage „Qu' est-ce que c'est?" Auf diese Weise wird das Spiel fortgesetzt, bis alle wenigstens einmal in der Kreismitte waren, ein Bild umdrehen und die Frage stellen konnten!

Variante für jüngere Kinder: Die Kinder lernen nicht die Namen von allen zwölf, sondern von maximal sechs der abgebildeten Lebensmittel kennen. Dann erhalten jeweils drei bis vier Kinder dasselbe Bildmotiv. Die Spielleitung holt sich die gleichen Bildmotive, stellt sich in die Kreismitte und hebt eines davon in die Höhe. Dabei fragt sie, wie eben erläutert auf Französisch, was das ist. Diejenigen Kinder, die das gleiche Bildmotiv haben, halten dieses ebenfalls in die Luft und antworten auf Französisch.

Auf Englisch lautet die Frage bzw. die Antwort:
„What's this?"   („Was ist das?")
„This is a(n) (Name des Lebensmittels)!" (Das ist ein/eine …!")

Weitere Namen von Lebensmitteln auf Französisch und Englisch:

une limonade d'orange – an orange juice	(eine Orangenlimonade)
un l'eau minérale – a bottle of mineral water	(ein Mineralwasser)
un orange – an orange	(eine Orange)
une banane – a banana	(eine Banane)
un melon – a melon	(eine Melone)
une pomme –an apple	(ein Apfel)
une poire – a pear	(eine Birne)
une pêche – a peach	(ein Pfirsich)
une pomme de terre – a potato	(eine Kartoffel)
un haricot – a small bean	(eine Bohne)
une tomate – a tomato	(eine Tomate)
une carotte – a carrot	(eine Karotte bzw. Mohrrübe)

Die Elefanten auf der Kreisbahn zählen

Spiele zur Förderung des mathematischen Grundverständnisses

Zu den zentralen Aufgaben des Kindergartens zählt natürlich auch die mathematische Frühförderung, die sich selbstverständlich auf die Lebens- und die Erfahrungswelt der einzelnen Kinder beziehen sollte. Dabei geht es nicht darum, die Inhalte der Schulmathematik vorwegzunehmen. Vielmehr sollen die elementaren mathematischen Grundfertigkeiten spielerisch gefördert werden.

In den meisten Kindergärten werden diese mathematischen Grundfertigkeiten bereits ganz nebenbei im Kita-Alltag geschult, wenn die Kinder z. B. Naturmaterialien mit bestimmten Eigenschaften sammeln oder

verschiedene Bauklötze nach Form, Farbe oder Größe sortieren. Einfache Aufgaben, wie z. B. bei der Vorbereitung des Essens einen runden Teller zu holen oder nachzuzählen, ob ausreichend Besteck auf dem Tisch liegt, sind weitere Beispiele dafür, wie Kinder sich im Alltag ganz selbstverständlich mit Mathematik befassen können.

Die folgenden (Stuhl-)Kreisspiele ermöglichen es den Kindern auf vielfältige Weise, sich gemeinsam mit mathematischen Aufgaben zu befassen. Dabei lernen sie z. B., geometrische Grundformen zu unterscheiden, Zahlen und Mengen sinnvoll miteinander zu verknüpfen oder etwa die Punktzahlen zweier Würfel zu vergleichen. Wenn die Kinder sich auf dieser Weise im (Stuhl-)Kreis spielerisch und altersgemäß mit Mathematik auseinandersetzen, bekommen sie so richtig Lust, sich an weiter gehenden mathematischen Aufgaben zu beteiligen.

Auf den Kreis und los!

Die Spielleitung zeichnet zunächst mit Kreide einen großen Kreis auf den Boden oder legt diesen mithilfe der Seile aus. Dann stellt sich die ganze Gruppe in diesen Kreis. Als Nächstes holt sich die Spielleitung eine Uhr mit Sekundenzeiger sowie eine Handtrommel, mit der sie bei dem nun folgenden Spiel das Bewegungstempo vorgibt: Zunächst bewegen sich alle Kinder zum Rhythmus der Trommel im Inneren des markierten Kreises herum. Wenn das Trommelspiel aber abbricht, nennt die Spielleitung eine beliebige geometrische Grundfigur. Ruft sie also z. B. „Dreieck!", dann bleiben alle Kinder dort, wo sie sich gerade befinden, stehen, machen eine Faust und strecken schließlich drei Finger aus. Bei „Quadrat!" oder „Rechteck!" hingegen zeigen sie vier Finger. Anders sieht es jedoch aus, wenn die Spielleitung „Kreis!" ruft. In diesem Augenblick stellen sich alle so schnell wie möglich auf den markierten Kreis und nehmen sich bei

Material:
eine Kreide oder mehrere Gymnastikseile, eine Handtrommel, eine Stoppuhr bzw. eine Uhr mit Sekundenzeiger

Alter:
ab 4 Jahren

Mitspieler:
ab 5 Kinder

61

den Händen. Wenn sie dies innerhalb einer Minute schaffen, wird die Mannschaft zum Kreis-Sieger erklärt!

Geometrische Figuren sortieren

Material:
vier bis sechs weiße Tonkartonbögen, ein Bleistift, ein Lineal, ein Zirkel, Scheren

Alter:
ab 4 Jahren

Mitspieler:
ab 5 Kinder

Zur Spielvorbereitung zeichnet der Spielleiter auf weiße Tonkartonbögen zwölf große Kreise, Dreiecke und Quadrate, welche die Kinder anschließend ausschneiden.

Diese Grundfiguren werden dann zusammen mit drei Gymnastikreifen in die Mitte des Kreises gelegt, den die Kinder zuvor gebildet haben. Danach wählt der Spielleiter ein beliebiges Kind aus, das nun in die Kreismitte treten, sich auf ein Startzeichen hin eine Figur aussuchen und diese in einen der Reifen legen darf. Danach tauscht dieses Kind mit einem auf der Kreisbahn stehenden Mitspieler den Platz. Jetzt ist dieser an der Reihe, legt entweder eine andere Figur in einen neuen Reifen oder die gleiche Figur wie sein Vorgänger in denselben Reifen. Auch dieser Mitspieler wechselt anschließend mit einem Kind auf der Kreisbahn den Platz, usw. Wenn am Schluss alle Figuren so sortiert worden sind, dass immer die gleichen in jeweils einem Reifen liegen, ist das Spiel beendet.

Rund oder eckig?

Material:
ein Ball, ein Buch

Alter:
ab 4 Jahren

Als Erstes legt die Spielleitung einen Ball und ein Buch in die Mitte des von den Kindern gebildeten Kreises. Dasjenige Kind aus der Gruppe, das nun besonders schnell sagt, welcher von den beiden Gegenständen rund ist, darf sich in die Kreismitte stellen und einen der beiden Gegenstände aussuchen. Dann geht es damit auf irgendeinen Mitspieler zu, der nun passend zu dem jeweiligen Gegenstand etwas Rundes, wie etwa eine Frisbee-Scheibe, oder etwa Eckiges,

wie z. B. ein Heft, benennen muss. Sind alle mit der Aussage einverstanden, wechseln diese beiden Kinder ihre Plätze, und das jetzt neu in der Kreismitte stehende Kind setzt das Spiel wie eben beschrieben fort.

Hinweis: Manche Dinge können zugleich rund und eckig sein. In diesem Fall sind beide Antworten richtig.

Mitspieler:
ab 6 Kinder

Formentanz

Zur Vorbereitung dieses Spiels zeichnet die Spielleitung auf jeweils einen großen Tonkartonbogen einen sehr großen Kreis, ein riesiges Dreieck und ein überdimensionales Quadrat. Dann schneidet sie alle Formen aus.

Für das nun folgende Spiel stellen sich zunächst alle Kinder in einem sehr großzügigen Kreis auf. Dann schaltet die Spielleitung die Tanzmusik ein, holt sich die drei großen Formen aus Tonkarton und stellt sich mit ihnen in die Kreismitte. Während nun alle Kinder im Takt der Musik auf ihre Oberschenkel patschen, hebt die Spielleitung eine Form gut sichtbar in die Höhe. Je nachdem, um welche Form es sich handelt, machen die Kinder daraufhin Folgendes:

Material:
drei große weiße Tonkartonbögen, ein Lineal, ein Zirkel, ein Bleistift, eine Schere, Tanzmusik

Alter:
ab 5 Jahren

Mitspieler:
ab 6 Kinder

Kreis: Alle Kinder fassen sich an die eigenen Hüften und drehen sich im Takt der Musik um die eigene Achse.

Dreieck: Die Kinder tupfen im Takt der Musik mit dem Zeigerfinger ein Dreieck in die Luft.

Quadrat: Alle Kinder deuten mit ihren Fußspitzen ein Quadrat auf dem Boden an.

Immer, wenn die Spielleitung die Formen lediglich in den Händen hält, sie also nicht für alle sichtbar herzeigt, patschen die Kinder wieder zum Rhythmus der Musik auf ihre Oberschenkel.

Wo sind die Zahlen?

Material:
zwei Bögen weißer
Tonkarton, ein Bleistift,
ein Lineal, eine Schere,
drei Augenbinden

Alter:
ab 5 Jahren

Mitspieler:
ab 8 Kinder

Zur Vorbereitung zeichnet die Spielleitung dreimal die Zahlen von
1 bis 10 auf weißen Tonkarton. Alle Zahlen sollten ca. 2 cm breit und
10 cm hoch sein. Anschließend schneidet sie die Zahlen für das unten
aufgeführte Spiel aus.

Zu Beginn des Spiels bilden alle Kinder bis auf drei einen Stuhlreis.
Dann bittet die Spielleitung diese drei Kinder, in die Mitte des Kreises
zu treten und verbindet ihnen dort die Augen. Als Nächstes teilt sie
die dreißig zuvor hergestellten Tonpapier-Zahlen an alle Kinder im
Stuhlkreis aus. Diese sollen die Zahlen nun irgendwie verstecken, sie
also z. B. unter ihren Stuhl legen, zwischen Stuhllehne und Rücken
einklemmen, in ihre Hosentaschen stecken, unter ihrem Pullover
verschwinden lassen usw. Ist alles gut versteckt, dann dürfen die drei
Kinder in der Kreismitte ihre Augenbinden abnehmen und sich auf
die Suche nach den Zahlen machen. Wer findet als Erster eine kom-
plette Zahlenserie von 1 bis 10 und kann sie in der richtigen Reihenfolge in der Mitte des Stuhlkreises auf dem Boden auslegen?

Variante für jüngere Kinder: Hier machen sich die drei Kinder auf
die Suche nach einer einzigen Zahl. Welches Kind findet sie als
Erstes?

Mäuserennen

Alter:
ab 4 Jahren

Mitspieler:
ab 12 Kinder

Alle stellen sich etwas breitbeinig hintereinander in einem großen
Kreis auf. Die Spielleitung geht im Kreis herum und sucht sich zwei
Kinder aus, die direkt hintereinander stehen. Diese beiden Kinder
spielen nun die „Mäuse" und stellen sich dafür Rücken an Rücken
auf die Kreisbahn. Auf ein Startzeichen hin krabbeln beide Mäuse in
der jeweils entgegengesetzten Richtung so lange unter den Füßen der

im Kreis stehenden Kinder hindurch, bis sie sich auf der anderen Seite des Kreises wieder begegnen. Anschließend stehen die beiden Mäuse wieder auf und gehen die jeweils durchkrabbelte Strecke entlang der Kinder wieder zurück. Dabei zählen sie, unter wie vielen Mitspielern sie durchgekrabbelt sind. Dasjenige Kind, das die meisten Füße bzw. Kinder hinter sich lassen konnte, ist der Sieger!

Zählen und klatschen

Alle Kinder bis auf eines bilden einen Kreis und halten ihre Handflächen in Richtung Kreismitte. Der verbliebene Mitspieler geht zum Rhythmus der von der Spielleitung geschlagenen Trommel im Kreis herum. Sobald jedoch das Trommelspiel stoppt, ruft der Mitspieler in der Kreismitte eine Zahl zwischen 1 und 10 in die Runde und läuft dann in Richtung eines Kindes, das auf der Kreisbahn steht. Wenn er bei diesem Kind angekommen ist, dann klatschen sich beide mit den Händen ab, und zwar so oft wie die Zahl, die das Kind in der Mitte zuvor gerufen hat. Alle anderen zählen dabei lautlos mit. Wenn die Anzahl der Klatscher stimmt, tauschen die beiden die Plätze, und der neue Mitspieler in der Kreismitte ruft mit einer eigenen Zahl ein weiteres Kind auf, mit dem es abklatschen möchte usw. Falls die Zahl aber beim ersten Mal nicht stimmt, wiederholen die beiden Kinder das Abklatschen, wobei jetzt allerdings alle laut mitzählen.

Material:
eine Handtrommel

Alter:
ab 4 Jahren

Mitspieler:
ab 12 Kinder

Zeig mir die gesuchte Anzahl!

Alter:
ab 4 Jahren

Mitspieler:
ab 6 Kinder

Die Spielleitung wählt ein Kind aus, das sich in die Kreismitte stellt und sich eine Zahl zwischen 1 und 10 überlegt. Alle übrigen Kinder stehen auf der Kreisbahn und ballen ihre Hände zu Fäusten. Der in der Mitte stehende Mitspieler schaut sich in der Runde um und sagt z. B.: „(Name des Kindes), zeige die Zahl 8 mit deinen Fingern!" Dann hüpft er so schnell wie möglich zu dem von ihm angesprochenen Kind hin, welches seinerseits, ausgehend vom Daumen einer Hand, die entsprechende Anzahl an Fingern ausstreckt. Kann das Kind die Aufgabe rechtzeitig erledigen, bevor es von dem Mitspieler aus der Kreismitte berührt wird? Ist Ersteres der Fall, dann muss der Mitspieler wieder in die Mitte des Kreises zurückgehen und das Spiel mit einer neuen Zahl von vorne beginnen. Kann der Mitspieler das Kind jedoch vorher abschlagen, dann tauschen beide ihre Plätze.

Jeder Farbklecks zählt!

Material:
eine Kreide oder mehrere Gymnastikseile, eine Handtrommel

Alter:
ab 4 Jahren

Mitspieler:
ab 8 Kinder

Die Spielleitung zeichnet zunächst mit Kreide einen großen Kreis auf den Boden oder legt ihn mit Seilen. Dann beginnen die Kinder, sich zum Rhythmus der Trommel hintereinander im Uhrzeigersinn um den Kreis zu bewegen. Wenn das Trommelspiel plötzlich abbricht, bleiben alle stehen und stellen sich mit dem Gesicht zur Kreismitte auf, und zwar so, dass sich alle gegenseitig gut sehen können. Nun bittet die Spielleitung alle Kinder, die z. B. etwas Rotes tragen, in die Kreismitte zu treten. Dabei zählt jeder noch so kleine Farbklecks auf der Kleidung! Wissen diejenigen, die danach noch auf der Kreisbahn stehen, wie viele Kinder sich jetzt innen im Kreis befinden? Und können die innen Stehenden zählen, wie viele Mitspieler sich jetzt noch außen befinden? Konnten beide Gruppen diese Aufgabe gut erfüllen, so beginnt eine weitere Spielrunde mit einer neuen Farbe.

66

Fünfmal hüpfen, klatschen, drehen ...

Nachdem die Kinder einen Kreis gebildet haben, erhält eines von ihnen einen Schaumstoffwürfel, mit dem es in Richtung Kreismitte würfelt. Je nach gewürfelter Punktzahl dürfen die Kinder dann der Reihe nach z. B. fünfmal hüpfen, fünfmal klatschen oder sich fünfmal um die eigene Achse drehen. Dasjenige Kind, welches die Aufgabe nach Ansicht des würfelnden Mitspielers besonders gut erledigt hat, erhält als Nächstes den Würfel und setzt das Spiel auf die eben beschriebene Weise fort.

Variante für ältere Kinder: Ein Kind steht in der Kreismitte und sucht sich zwei Mitspieler aus, die sich nun je einen Würfel holen und diesen gleichzeitig in Richtung Kreismitte würfeln. Das Kind in der Mitte zählt die beiden gewürfelten Punktzahlen still zusammen und hüpft dann entsprechend oft wie ein Hampelmann auf der Stelle. Wenn ihm diese kleine Rechenaufgabe gelingt, dann darf es seinen Platz gleich mit einem anderen Kind tauschen. Wenn nicht, so zählt es die Punkte noch einmal zusammen – diesmal aber laut und unter Mithilfe der anderen Kinder –, bewegt sich erneut entsprechend oft wie ein Hampelmann und wechselt dann mit einem Mitspieler auf der Kreisbahn die Plätze.

Material:
einen bzw. zwei Schaumstoffwürfel

Alter:
ab 3 Jahren

Mitspieler:
ab 5 Kinder

Gleiche Punktzahl?

Zwei Kinder, die nebeneinander auf der Kreisbahn stehen, erhalten jeweils einen Schaumstoffwürfel. Dann beginnt eines der beiden Kinder das Spiel, indem es in Richtung Kreismitte würfelt. Die dabei gewürfelte Punktzahl ist nun maßgebend für den weiteren Spielverlauf, denn anschließend versucht das zweite Kind, die gleiche Punktzahl zu würfeln. Sollte ihm das nicht gelingen, dann darf derjenige

Material:
zwei Schaumstoffwürfel

Alter:
ab 4 Jahren

Mitspieler:
ab 5 Kinder

Mitspieler, der rechts neben ihm steht, den Würfel holen und das Würfelspiel fortsetzen. Wenn auch dieser es nicht schafft, die gleiche Punktzahl zu würfeln, kommt der rechts neben ihm stehende Spielpartner an die Reihe usw. Wurde jedoch die gesuchte Punktzahl gewürfelt, darf das betreffende Kind eine neue Spielrunde starten und noch einmal würfeln.

Variante für ältere Kinder: Das Spiel verläuft so, wie oben beschrieben. Allerdings soll dabei nun nicht mehr mit dem zweiten Würfel die gleiche Punktzahl wie mit dem ersten erreicht werden, sondern es geht darum, mit beiden Würfeln zusammen ein bestimmtes Ergebnis im Zahlenraum zwischen 2 und 12 zu erwürfeln.

Freunde

Alter:
ab 5 Jahren

Mitspieler:
ab 12 Kinder

Wie viele Freunde hast du? Wie viele Freunde habe ich? Und wie viele Freunde haben wir gemeinsam? Die Antworten auf diese Fragen lassen sich gut bei dem folgenden Spiel herausfinden:

Bis auf zwei Kinder sitzen alle im Stuhlkreis. Den beiden verbliebenen Kindern, die sich in der Kreismitte befinden, flüstert die Spielleitung nun jeweils eine Zahl zwischen 1 und 5 ins Ohr. Daraufhin suchen sich die beiden jeweils genau so viele Freunde aus, wie die Zahl, die ihnen genannt wurde. Anschließend begeben sich die so Ausgewählten ebenfalls in die Mitte und stellen sich zu dem Kind, das sie gerufen hat. Die Kinder auf der Kreisbahn sollen nun herausfinden, wie viele Freunde jedes der beiden in der Mitte stehenden Kinder hat. Wurde die richtige Antwort hierauf gegeben, kann auch noch danach gefragt werden, wie viele Freunde die beiden Kinder wohl insgesamt haben. Zwei derjenigen Mitspieler, welche das richtige Ergebnis nennen konnten, dürfen das Spiel dann von der Mitte des Kreises aus von vorne beginnen.

68

Wie viele Sachen hat der Dieb?

Ein Dieb hat ein paar Hotelgäste bestohlen und will die Beute nun so schnell wie möglich verschwinden lassen. Wie viele Sachen wurden von ihm bereits versteckt, bevor alle aufmerksam werden?

Nachdem die Kinder einen Kreis gebildet haben, breitet die Spielleiterin in der Kreismitte ein Tuch aus. Dann wählt sie eines der Kinder aus, welches nun den „Dieb" spielt und sich zu diesem Zweck von den anderen bis zu fünf persönliche Gegenstände holt. Diese Gegenstände werden dann ebenfalls im Innenkreis verteilt. Während nun die Spielleiterin die Handtrommel schlägt, gehen alle Kinder im Uhrzeigersinn im Kreis herum. Der Dieb lässt unterdessen möglichst viele der oben erwähnten persönlichen Gegenstände verschwinden, indem er sie nacheinander unter das Tuch legt. Sobald jedoch das Trommelspiel verstummt, bleibt er regungslos stehen, und alle anderen Kinder wenden sich der Kreismitte zu. Wer erkennt, wie viele Gegenstände schon weggeschafft wurden bzw. unter dem Tuch liegen? Zur Kontrolle holt der Dieb die einzelnen Gegenstände hervor, welche dann von allen Kindern gezählt werden.

Material:
pro Kind ein persönlicher Gegenstand (z. B. ein Halstuch, eine Haarspange, ein Schnürsenkel, ein Gürtel etc.), ein Tuch, eine Handtrommel

Alter:
ab 5 Jahren

Mitspieler:
ab 6 Kinder

Expedition im Tierreich

Einige kleine Forscher sind in Afrika unterwegs und wollen dort das Verhalten der wilden Tiere erkunden. Sie legen sich deshalb auf die Lauer und beobachten, was die Tiere in der Gruppe so alles machen …

Die Spielleitung markiert zunächst mit der Kreide oder den Seilen einen großen Kreis auf dem Boden. Alle Kinder bis auf zwei oder drei stellen sich um diesen Kreis herum und spielen eine Elefanten-

Material:
eine Kreide oder mehrere Gymnastikseile

Alter:
ab 5 Jahren

Mitspieler:
ab 7 Kinder

herde. Dazu fassen sie sich mit der rechten Hand an die Nase und führen ihren linken Arm durch den so entstanden Ring, sodass eine Art „Elefantenrüssel" entsteht. Die zwei bzw. drei verbliebenen Kinder spielen die „Forscher" und positionieren sich dazu in der Kreismitte. Während nun alle „Elefanten" schwerfällig auf der Stelle gehen, tippt die Spielleitung bis zu fünf von ihnen an, die sich dann, ebenfalls wie Elefanten, im Inneren des Kreises herumbewegen dürfen. Erkennen die kleinen Forscher auf einen Blick, wie viele Elefanten die Herde verlassen haben? Wenn ihnen dies gelingt, dann dürfen sie auch noch die Anzahl der in der Herde (d. h. auf der Kreisbahn) verbliebenen Elefanten herausfinden. Anschließend wählt jeder der kleinen Forscher ein weiteres Kind aus, das nun seine Rolle übernimmt und in einer neuen Spielrunde auf die gleiche Art und Weise das Verhalten einer anderen Tierart, wie z. B. der Affen, beobachtet.

Einen Kreis in die Luft zeichnen

Spiele zur Förderung von Kreativität und Fantasie

Kreativität und Fantasie sind nicht nur im künstlerischen und musischen Bereich gefragt. Sie sind auch eine wesentliche Voraussetzung dafür, Probleme gegebenenfalls auch auf ungewöhnliche und originelle Weise lösen zu können.

Kreativität und Fantasie kann im Kindergarten allein schon durch ein geeignetes Angebot an Spielsachen gefördert werden. Unfertige Dinge, wie z.B. Hölzer, Reifen, Decken, Kartons, Schaumstoffelemente, Seile usw. machen neugierig, schärfen die Sinne und animie-

ren die Kinder dazu, in besonders hohem Maße eigene Spielideen zu entwickeln und somit erfinderisch zu sein. Zudem ist es wichtig, dass die Kinder in den Innen- und Außenräumen der Einrichtung genügend Platz zur Verwirklichung ihrer Spielideen haben.

Kreativität und Fantasie können jedoch auch durch gezielte Angebote, wie eben z. B. entsprechende (Stuhl-)Kreisspiele, gefördert werden. Dabei lernen die Kinder spielerisch, sich auf vielfältige und originelle Art und Weise auszudrücken. Auch üben sie hierbei, sich spontan auf unterschiedliche Spielsituationen einzustellen und dabei neue Ideen zu entwickeln. Im folgenden Kapitel finden sich darüber hinaus auch Spiele, bei denen die Kinder gemeinsam eine Aufgabe mit viel Einfallsreichtum durchführen dürfen. Derartige Spiele fördern also auch das gute Miteinander sowie einen regen Ideenaustausch zwischen den Kindern.

Formen-Künstler

Alter:
ab 5 Jahren

Heute wollen wir eine Kunstausstellung zum Thema „Formen" besuchen. Dort angekommen, entdecken wir viele Werke. Ob wir wohl alle dargestellten Formen erkennen werden?

Mitspieler:
ab 6 Kinder

Etwa die Hälfte der Kinder bildet einen Kreis und positioniert sich mit den Rücken zur Kreismitte hin. Alle anderen stellen sich in diesen Kreis und überlegen sich still eine beliebige geometrische Grundfigur. Dann geht jedes Kind aus der Mitte auf jeweils einen der auf der Kreisbahn stehenden Mitspieler zu, bleibt vor diesem stehen und zeichnet ihm mit dem Zeigefinger die zuvor ausgedachte Form auf den Rücken. Die Kinder auf der Kreisbahn versuchen nun, die dargestellte Form zu erraten. Jeder, dem dies gelingt, tauscht mit seinem Partner den Platz. Wenn die Form jedoch nicht erkannt wurde, geht das Kind in der Kreismitte einfach zu einem neuen Mitspieler weiter,

um in der nächsten Spielrunde diesem seine Form auf den Rücken zu zeichnen.

Weißt du, was ich darstelle?

Alle Kinder stehen, mit dem Gesicht zueinander gewandt, im Kreis und überlegen sich, was sie gerne pantomimisch darstellen möchten. Danach erhält eines von ihnen den Schaumstoffwürfel, mit dem es in Richtung Kreismitte würfelt. Sind dann z. B. fünf Punkte zu sehen, so deutet es auf insgesamt fünf Kinder, die nun nacheinander ohne Worte etwas darstellen müssen. Wer errät, was gemeint ist? Als Nächstes erhält das Kind, das besonders viele pantomimische Darstellungen erkannt hat, den Würfel. Bevor das Spiel nun jedoch wie bereits beschrieben fortgesetzt wird, überlegen sich diejenigen Kinder, die bereits an der Reihe waren, etwas Neues, das sie ohne Worte zum Ausdruck bringen möchten.

Material:
ein oder evtl. zwei große Schaumstoffwürfel

Alter:
ab 4 Jahren

Mitspieler:
ab 5 Kinder

Reifengesichter

Zur Vorbereitung sammeln die Kinder im Freien unterschiedliche kleine Naturmaterialien, die sie in ihrer Schachtel aufbewahren.
Um das Spiel zu beginnen, holt sich jedes Kind einen Gymnastikreifen. Diese Reifen werden dann in Form eines großen Kreises auf dem Boden ausgelegt. Danach stellen sich alle mit ihren Schuhschachteln und den darin befindlichen Naturmaterialien vor ihre Reifen. Die Spielleitung positioniert sich innerhalb des Reifen-Kreises und beginnt, die Trommel zu schlagen, woraufhin sich die Kinder zum Rhythmus der Trommel hintereinander um den Reifen-Kreis herumbewegen. Wenn nun das Trommelspiel stoppt, bleiben alle vor dem Reifen stehen, vor dem sie sich gerade befinden. Dann ruft die

Material:
pro Kind ein Gymnastikreifen, eine Schuhschachtel ohne Deckel, eine Handtrommel, unterschiedliche kleine Naturmaterialien, ruhige Instrumentalmusik

73

Alter:
ab 4 Jahren

Mitspieler:
ab 5 Kinder

Spielleitung z. B. „Augen!", und alle Kinder legen mithilfe ihrer Naturmaterialien zwei Augen in das Reifen-Gesicht. Anschließend setzt die Trommelspiel erneut ein, und die Kinder bewegen sich wieder im Takt der Trommel um den Kreis herum. Sobald auf die beschriebene Weise die „Nase", der „Mund", die „Haare" und nicht zuletzt auch die „Ohren" an dem Reifen-Gesicht angebracht wurden, ist das Spiel zu Ende. Zum Schluss schaltet die Spielleitung eine ruhige Instrumentalmusik ein, zu deren Rhythmus die Kinder ganz langsam um den Reifen-Kreis herumgehen und dabei die einzelnen Gesichter auf sich wirken lassen.

Tuchtanz

Material:
ein Rhythmiktuch,
ruhige Musik

Alter:
ab 4 Jahren

Mitspieler:
ab 6 Kinder

Die Spielleitung wählt eines der Kinder aus, das sich in die Mitte des von den anderen gebildeten Kreises stellt und ein Rhythmiktuch erhält. Dann bewegen sich die Kinder zu einer ruhigen Musik langsam im Uhrzeigersinn im Kreis herum. Das Kind in der Mitte hingegen geht im Takt der Musik geradeaus und schwenkt dabei rhythmisch sein Tuch. Sobald es an der Kreisbahn ankommt und mit dem Tuch einen der dort gehenden Mitspieler berührt, wechseln diese beiden ihre Plätze, und zwar, ohne dass die ganze Gruppe dabei stehen bleibt. Der Mitspieler, welcher jetzt das Tuch trägt, geht nun ebenfalls im Takt zur Musik auf die Kreisbahn zu und berührt mit dem Tuch ein weiteres Kind, woraufhin die beiden ihre Plätze tauschen usw. Ist das Musikstück aus, bleiben alle stehen!

Geometrische Figuren darstellen

Vor dem Spiel zeichnet die Spielleiterin auf jeweils einen Notizzettel einen Kreis, ein Dreieck, ein Quadrat und ein Rechteck. Dann zeigt sie den Kindern die vier geometrischen Figuren, damit diese sie gemeinsam benennen und unterscheiden lernen.

Als Nächstes setzen sich alle Kinder bis auf sechs in einen Stuhlkreis. Die restlichen Kinder begeben sich in die Kreismitte und bekommen, während die Gruppe im Stuhlkreis die Augen schließt, eine der gezeichneten Figuren bzw. Formen gezeigt. Danach beratschlagen die in der Kreismitte befindlichen Kinder stumm – also mit Handzeichen, Mimik und Gestik – wie sie die jeweils gezeigte Form entweder alleine oder gemeinsam mithilfe ihres Körpers darstellen könnten. Wenn sie die geplante Darstellung ausgeführt haben, indem sich z. B. jeweils drei Kinder auf den Boden legen und damit ein Dreieck bilden, bittet die Spielleitung alle Kinder, ihre Augen zu öffnen und gemeinsam die Form zu erraten. Sollte das gelingen, tauschen die sechs Kinder in der Kreismitte mit sechs Mitspielern aus dem Stuhlkreis ihre Plätze, und das Spiel beginnt mit einer anderen Form von Neuem.

Material:
vier Notizzettel, ein Lineal, ein Zirkel, ein Bleistift

Alter:
ab 5 Jahren

Mitspieler:
ab 12 Kinder

Wie wird das Wetter heute?

Wir hören uns die Wettervorhersage an und überlegen uns, was wir bei diesem Wetter so alles tun können!

Bis auf ein Kind bildet die ganze Gruppe einen großzügigen Stuhlkreis, und zwar so, dass die Rückenlehnen der Stühle zur Kreismitte zeigen. Dabei wird ein Stuhl weniger aufgestellt, als Kinder um den Stuhlkreis stehen. Während das verbliebene Kind in der Mitte die Handtrommel schlägt, gehen die anderen außerhalb der Stühle um

Material:
eine Handtrommel

Alter:
ab 3 Jahren

Mitspieler:
ab 6 Kinder

75

den Kreis herum. Wenn das Trommelspiel abbricht, bleiben alle stehen und rufen laut: „Wie wird das Wetter heute?" Das Kind in der Kreismitte antwortet z.B.: „Es wird warm und sonnig!" Die Kinder außerhalb des Stuhlkreises versuchen nun, entsprechend dieser Wettervorhersage zu reagieren, indem sie z.B. ihre Ärmel hochkrempeln, sich mit der Hand den imaginären Schweiß von der Stirn wischen oder so tun, als ob sie in einen Pool springen und dort schwimmen würden. Das geht so lange, bis das Kind in der Mitte wieder zu trommeln beginnt. Alle gehen dann erneut im Kreis herum, bis das Trommelspiel stoppt und die Gruppe wieder fragt: „Wie wird das Wetter heute?" Sollte das Kind in der Mitte jetzt aber sagen: „Es wird kalt und regnerisch!", dann heißt es aufpassen! Denn jetzt versuchen alle, sich so schnell wie möglich unter ein freies Dach (d. h. einen freien Suhl) zu begegben, um sich vor der Kälte und dem Regen zu schützen. Derjenige Mitspieler, der dabei keinen freien Stuhl mehr finden konnte, tauscht mit dem in der Mitte stehenden Kind den Platz und sagt dann als Nächster das Wetter an!

Ruckartige Veränderungen

Material:
eine Handtrommel

Alter:
ab 4 Jahren

Mitspieler:
ab 7 Kinder

Bis auf ein Kind stellt sich die ganze Gruppe im großen Kreis auf, und zwar so, dass zwischen den einzelnen Mitspielern ausreichend Bewegungsspielraum vorhanden ist. Das verbliebene Kind stellt sich in die Kreismitte und bekommt eine Handtrommel. Zu jedem kräftigen Trommelschlag machen die Kinder von ihrem Platz aus eine ruckartige Bewegung, indem sie z.B. einen Arm in Richtung Kreismitte ausstrecken oder mit einem Fuß auf den Boden stampfen. Sobald jedoch die Spielleitung, die ebenfalls in der Kreismitte steht, das neben ihr trommelnde Kind antippt, geht dieses auf einen Mitspieler auf der Kreisbahn zu. Dieser verharrt sofort in der gerade

angefangen Bewegung, tauscht mit dem Kind aus der Kreismitte den Platz und setzt das Spiel als neuer Trommler fort.

Lustige Körperbilder

Alle Kinder bis auf eines holen sich je ein Spielzeugobst oder eine leere und nicht zu schwere Verpackung und stellen sich dann im Kreis auf. Das verbliebene Kind dagegen legt sich in der Kreismitte mit dem Rücken auf eine Decke. Nun wählt die Spielleitung jemanden aus der Gruppe aus, der in die Mitte des Kreises geht, um dort z. B. seine Apfelsine oder seinen Joghurtbecher auf dem Bauch des liegenden Kindes zu platzieren. Nachdem er dies getan hat, geht der betreffende Mitspieler auf ein weiteres im Kreisbogen stehendes Kind zu und tauscht mit ihm den Platz. Jetzt muss dieses Kind seinen Gegenstand auf dem Kind in der Kreismitte ablegen usw. Sind auf diese Weise alle Sachen auf dem Körper des Kindes in der Mitte abgelegt worden, gehen alle langsam im Kreis herum und betrachten das entstandene lustige Körperbild, welches die Spielleitung – mit dem Einverständnis des liegenden Kindes – evtl. auch noch fotografieren kann. Danach werden die Gegenstände auf die gleiche Weise, jedoch in umgekehrter Reihenfolge, wieder entfernt. Zuletzt steht das Kind in der Mitte über die Seitenlage auf, tauscht mit einem Mitspieler seiner Wahl den Platz, und das Spiel beginnt von Neuem.

Ein wichtiger Hinweis: Das Kind, das auf dem Boden liegt, sollte stets selbst entscheiden dürfen, ob es bestimmte Sachen im Gesicht platziert haben möchte oder nicht.

Material:
eine Decke oder Isomatte, Obst und Gemüse aus Plastik oder Pappmaschée, verschiedene Verpackungen (z. B. Teepäckchen, Eierkarton, Joghurtbecher etc.), evtl. eine Sofortbildkamera

Alter:
ab 3 Jahren

Mitspieler:
ab 6 Kinder

Seht her, wie ich tanze!

Alter:
ab 5 Jahren

Material:
Tanzmusik

Die Kinder stellen sich hintereinander im Kreis auf. Dann wählt die Spielleitung ein Kind aus und bittet es, sich eine lustige Bewegungsart auszudenken und als „Kopf" die Schlange anzuführen, die sich aus der Kreisform heraus in Bewegung setzen wird, sobald die Musik erklingt. Wenn nun die Musik beginnt, verlässt der „Kopf" mit den anderen im Schlepptau den Kreis, und alle machen seine Bewegungen nach, indem sie z. B. ebenfalls wie eine Ente watscheln, die Arme seitlich anwinkeln und wie Flügel bewegen oder sich mit den Fingerspitzen auf den Po tippen usw. Bricht die Musik wieder ab, dann formiert sich die Schlange wieder zum Kreis, und die Spielleitung ernennt ein neues Kind zum „Schlangenkopf"!

Was für eine Hitze

Material:
ein Gymnastikreifen

Alter:
ab 3 Jahren

Mitspieler:
ab 6 Kinder

Es ist ein heißer, sonniger Tag, und viele Tiere wollen nur eins: sich so schnell wie möglich im See abkühlen!

Bis auf einen Mitspieler bilden alle einen großen Kreis. Der betreffende Mitspieler holt sich einen Gymnastikreifen und geht damit in die Kreismitte. Dort legt er den Reifen, der den Badesee darstellt, auf den Boden. Danach stellt er sich neben den Reifen und wählt zwei Kinder aus, die auf sein Kommando z. B. wie ein Frosch in Richtung „See" hüpfen dürfen. Welcher Frosch wird wohl als Erster am „See"

sein und somit in den Reifen gelangen können? Dasjenige Kind, das dies schafft, tauscht mit dem Mitspieler neben dem Reifen den Platz, ruft zwei weitere Kinder auf, die jetzt z. B. wie eine Ente so schnell wie möglich zum „See" watscheln dürfen.

Musik-Staffelei

Die Hälfte der Kinder bekommt Malblöcke und bildet einen großzügigen Kreis. Alle übrigen Mitspieler holen sich jeweils einen Wachsmalstift in einer bestimmten Farbe und suchen sich je einen Partner mit Malblock, welcher die Staffelei spielt und für sie den Malblock festhält. Dann stellen sich die Maler innen im Kreis direkt vor ihre „Staffelei" und malen nun zur Musik Punkte, Kreise, Wellen, Schlangenlinien usw. auf das Papier. Das geht so lange, bis die Musik abbricht, woraufhin die jeweiligen Partner ihre Rollen tauschen. Ist das Musikstück ganz zu Ende, so betrachtet jedes Paar sein Kunstwerk und übergibt es dem Nachbarteam, das am gleichen Bild weitermalt. Nach insgesamt sechs Durchgängen versuchen die Paare, ihr Ausgangsbild ausfindig zu machen.

Variante: In der Kreismitte befindet sich ein großer, weißer Tonkarton, um den sich bis zu fünf Kinder setzen. Dann erhalten diese fünf Künstler jeweils eine Wachsmalkreide und alle übrigen Kinder, die auf der Kreisbahn stehen, ein Rhythmusinstrument. Während nun die Spielleitung die Musik einschaltet, dürfen die Kinder auf der Kreisbahn den Rhythmus der Musik mithilfe ihres Instruments begleiten, während die Kinder in der Mitte im Takt der Musik auf den Tonkarton malen. Jedesmal, wenn nun die Musik kurz aussetzt, rücken die um den Tonkarton sitzenden Künstler um jeweils einen Platz nach rechts weiter. Danach wird wieder weitergemalt bzw. die Musik auf den Instrumenten begleitet. Sobald auf diese Weise dann

Material:
für die Hälfte der Kinder je ein großer Malblock, für die andere Hälfte je ein Wachsmalstift, 2 bis 3 große, weiße Tonkartonbögen, Rhythmusinstrumente, Musik

Alter:
ab 5 Jahren

Mitspieler:
ab 10 Kinder

alle Künstler wieder auf ihrem Ausgangsplatz sitzen, darf eine neue Gruppe in die Mitte wechseln und dort einen neuen Tonkartonbogen gestalten, sodass immer mehr Gemeinschaftsbilder entstehen.

Was glaubst du zu erkennen?

Material:
für alle Kinder bis auf eines eine Postkarte mit einem bestimmten Motiv, eine Augenbinde

Alter:
ab 5 Jahren

Mitspieler:
ab 7 Kinder

Bis auf ein Kind sitzen alle im Schneidersitz auf ihren Kissen im Kreis und erhalten eine Postkarte, auf welcher sich ein bestimmtes Motiv, wie z. B. Blumen, ein Baum, ein Auto, Pferde etc., befindet. Das verbliebene Kind stellt sich in die Kreismitte und lässt sich von der Spielleitung die Augen verbinden. Während nun die anderen unaufhörlich ihre Postkarten im Uhrzeigersinn weitergeben, geht das in der Mitte befindliche Kind langsam auf die im Kreis Sitzenden zu, bis die Spielleitung „Stopp!" ruft. Auch die anderen Kinder hören dann auf, ihre Postkarten weiterzugeben und behalten diejenige Karte, welche sie gerade in den Händen haben. Zudem blicken jetzt alle zu dem Kind, vor dem der Mitspieler mit den verbundenen Augen steht. Das betreffende Kind zeigt seine Postkarte im Kreis herum und legt sie dann verdeckt auf den Boden. Alle Kinder auf der Kreisbahn versuchen nun, das soeben gezeigte Bildmotiv pantomimisch darzustellen. Der Mitspieler in der Kreismitte nimmt seine Augenbinde ab und soll das gesuchte Bildmotiv erraten. Unabhängig davon, ob er es schafft, darf sich dann in der nächsten Spielrunde ein anderer Mitspieler in der Kreismitte die Augen verbinden lassen.

Zahlen darstellen

Alter:
ab 6 Jahren

Die Kinder stehen im Kreis, und jedes überlegt sich eine Zahl zwischen 1 und 10. Eines der Kinder beginnt nun das Spiel, indem es in die Mitte des Kreises geht und dort auf irgendeine Weise die Zahl

darstellt, welche es sich ausgedacht hat. Es schreibt die Zahl also z. B. in die Luft, deutet sie mit den Fußspitzen auf dem Boden an oder leitet einige Mitspieler dazu an, sich in Form dieser Zahl auf den Boden zu legen oder diese einzeln mit ihren Körpern darzustellen. Die übrigen Kinder beobachten dies alles genau und geben der Reihe nach ihre Vermutung bekannt, um welche Zahl es sich handeln könnte. Zum Schluss löst einer von den Mitspielern, welche die Zahl korrekt erkennen konnten, das Kind in der Kreismitte ab und stellt dort ebenfalls auf irgendeine Art seine Zahl dar, welche der Rest der Gruppe wieder erraten muss usw.

Mitspieler:
ab 7 Kinder

Variante: Anstelle der Zahlen überlegen sich die Kinder große Druckbuchstaben, die sie, wie oben beschrieben, entweder alleine oder mithilfe von anderen in der Kreismitte darstellen.

Verrückte Welt

Alle Kinder sitzen im Schneidersitz auf Kissen im Kreis und überlegen sich einen Unsinnssatz. Danach erhält eines der Kinder eine Handtrommel, geht in die Kreismitte und sagt z. B. Folgendes: „Alle Autos fliegen über den Wolken!" Daraufhin versuchen alle übrigen Mitspieler das, was das Kind eben gesagt hat, von ihren Plätzen aus darzustellen. Dabei können sie z. B. so tun, als ob sie sich anschnallen, ihr Auto starten und schließlich davonfliegen würden. Das Kind in der Kreismitte schaut sich um, trommelt kurz und wählt den nächsten Darsteller bzw. die nächste Darstellerin aus, der bzw. die sich in die Kreismitte stellt und z. B. sagt: „Alle Bäume hüpfen auf der Stelle!"

Material:
eine Handtrommel

Alter:
ab 5 Jahren

Mitspieler:
ab 8 Kinder

Im Kreis herumtanzen

Spiele zur Förderung des Rhythmusgefühls und der Motorik

Musik hat erstaunlich viele positive Effekte auf die Persönlichkeitsentwicklung: Sie fördert das Leistungsvermögen, das Rhythmusgefühl, die Motorik und auch die sozialen Kompetenzen. Außerdem kann sie bei jedem Menschen unterschiedliche Gefühle hervorrufen und ist ein gutes Mittel sich ohne Worte auszudrücken.

Die musikalische Früherziehung im Kindergarten muss allen Kindern zugute kommen und kann ohne großartige Notenkenntnisse durchgeführt werden.

Für das spontane Musizieren in der Kita sollten Rhythmusinstrumente, wie z. B. Rasseln und Holzblocktrommeln, stets griffbereit

im Gruppenraum vorhanden sein. Neben dem Musizieren mit Instrumenten brauchen die Kinder aber auch viele Gelegenheiten, um miteinander singen und tanzen zu können. Damit sie in Bewegung kommen und sich nicht nur von der Musik berieseln lassen, benötigen sie Räume, die zum Bewegen einladen.

Bei den nachfolgenden (Stuhl-)Kreisspielen geht es schwerpunktmäßig um die Bildungsbereiche „Musik und Rhythmus" sowie „Bewegung und Motorik". Die hier gesammelten Spielideen ermöglichen allen Kindern vielfältige Musik- und Bewegungserlebnisse, welche insgesamt zur Förderung der akustischen Aufmerksamkeit, des Rhythmusgefühls und der Motorik beitragen. Zudem gibt es hier viele Spiele, bei denen die Kinder ganz nebenbei auch ihr logisches Denkvermögen fördern können, indem sie z. B. die Anzahl der Töne heraushören und dementsprechend häufig auf einem Bein hüpfen.

Stuhltrommel-Begrüßung

Bis auf ein Kind bilden alle einen Stuhlkreis und stellen dabei ihre Stuhllehnen in Richtung Kreismitte. Dann knien sie sich außerhalb des Kreises direkt vor ihren Stühlen auf den Boden. Das verbliebene Kind stellt seinen Stuhl in die Kreismitte und kniet sich ebenfalls direkt vor ihn auf den Boden, und zwar so, dass es gut seine Stuhllehne sehen kann. Dann beginnt es das Spiel, indem es Folgenden Spruch sagt:

„Hallo, ihr lieben Leut',
hört, wie ich trommle heut'!"

Während nun das Kind mit den flachen Händen auf der Sitzfläche einen beliebigen Rhythmus trommelt, dürfen alle anderen auf die gleiche Art diesen Rhythmus begleiten. Irgendwann jedoch tippt die Spielleitung, die ebenfalls außerhalb des Kreises steht, einem der Kinder auf den Rücken. Dieser Mitspieler muss sich dann zum

Alter:
ab 5 Jahren

Mitspieler:
ab 7 Kinder

Rhythmus des Trommelspiels rückwärts in Richtung des Kindes in der Kreismitte bewegen und dort den Platz mit ihm tauschen. Danach beginnt auf die gleiche Art eine neue Begrüßungsrunde – aber mit dem Rhythmus, den der neue Mitspieler in der Kreismitte vorgibt.

Hörst du, wie es donnert?

Material:
eine Handtrommel

Alter:
ab 3 Jahren

Mitspieler:
ab 16 Kinder

Den ganzen Tag war es unglaublich schwül und heiß, sodass sich nun allmählich der Himmel verdunkelt und Gewitterwolken aufziehen. Werden die Kinder noch rechtzeitig nach Hause kommen?

Alle Kinder bis auf eines bilden Dreiergruppen. Dann stellen sich jeweils zwei Kinder aus jeder Gruppe zueinander gewandt auf der Kreisbahn auf, strecken ihre Arme weit nach oben aus und geben sich gegenseitig die Hände, um ein Hausdach dar-zustellen. Alle übrigen Kin-der gehen dann im Rhythmus eines leisen Trommel-spiels auf Zehenspit-

zen um den Kreis herum. Sie tun dies so lange, bis die Spielleitung plötzlich das Gewitter ankündigt und dazu kräftig trommelt. Daraufhin suchen sich alle so schnell wie möglich einen Unterschlupf in einem freien Haus, d. h. jeweils zwischen zwei Kindern, die ein Dach darstellen. Das Kind aus der Gruppe, dem kein Partner zugeordnet war, erhält nun die Trommel und darf dann, nachdem die betreffenden Kinder zu seinem Trommelspiel wieder eine Zeitlang um den „Häuserkreis" herumgelaufen sind, das nächste Gewitter ankündigen. Nach ein paar Durchgängen sollten alle in der Gruppe zumindest einmal „Haus" und einmal Schutz suchendes Kind gespielt haben.

Wer kennt das Instrument?

Zur Spielvorbereitung bilden die Kinder einen Stuhlkreis. Daraufhin holt die Spielleitung ein paar Rhythmusinstrumente, die sie der Reihe nach vorstellt und kurz anspielt. Die Kinder reichen alle Instrumente einmal im Kreis herum und dürfen sie auch selbst kurz anspielen. Auf diese Weise lernen sie die Instrumente zu benennen und zu unterscheiden.

Als Nächstes zeichnet die Spielleitung dann mit Kreide einen großen Kreis auf den Boden oder legt diesen aus Seilen. Dann unterteilt sie diesen Kreis in acht möglichst gleich große „Kuchenstücke". Danach lässt sie eines der Instrumente erklingen und ruft ein Kind auf, welches nun versucht, das Instrument zu benennen. Ist die Antwort korrekt, so darf dieses Kind bestimmen, auf welche Weise sich die anderen, sobald die ruhige Instrumentalmusik erklingt, auf rhythmische Weise auf dem Kreide- bzw. Seilkreis bewegen sollen. Die Gruppe tut dies jedoch nur so lange, bis die Spielleitung die Pausentaste des Abspielgeräts drückt, ein neues Instrument kurz anspielt und dann ein weiteres Kind bittet, dieses Instrument zu benennen.

Material:
eine Kreide oder mehrere Seile, 4 bis 5 unterschiedliche Instrumente (z. B. ein Paar Klanghölzer, ein Schellenkranz ein Tamburin mit Schellen, Maracas und Bongos), ruhige Instrumentalmusik

Alter:
ab 6 Jahren

Mitspieler:
ab 6 Kinder

Wohin führt der Klang?

Material:
für alle Kinder bis auf
eines ein Paar
Klangstäbe oder einen
Schellenkranz

Bei dem folgenden Spiel wird im Vorfeld für jede der beiden Instrumentengruppen eine bestimmte Bewegungsrichtung vorgegeben:

| *Klangstäbe* | Das Kind in der Kreismitte geht vorwärts im Kreis herum. |

Alter:
ab 3 Jahren

| *Schellenkränze* | Das Kind in der Kreismitte geht rückwärts im Kreis herum. |

Mitspieler:
ab 11 Kinder, jedoch in
ungerade Anzahl

Nachdem sich alle im Kreis aufgestellt haben, darf eines der Kinder einen großen Schritt in Richtung Kreismitte machen. Alle anderen erhalten dann jeweils ein Paar Klangstäbe oder einen Schellenkranz. Die Spielleitung stellt sich in die Mitte des Kreises und deutet auf irgendein Kind, das auf dieses Zeichen hin mit seinem jeweiligen Instrument einen beliebigen Rhythmus spielt. Alle, die das gleiche Instrument haben, spielen mit ihm im Takt mit. Das Kind, welches sich näher zur Kreismitte stelle durfte, geht zu diesem Rhythmus in der vorgegebenen Bewegungsart so lange im Kreis herum, bis die Spielleitung die Hand hebt und alle zu spielen aufhören. Dann tauscht der Mitspieler in der Mitte mit demjenigen Kind aus dem Kreis den Platz, neben dem es beim Verstummen der Instrumente zu stehen kam. Danach läutet die Spielleitung eine weitere Runde ein, indem sie wie oben beschrieben auf ein weiteres Kind deutet, das nun einen neuen Rhythmus anstimmt.

Begleiten alle den Rhythmus?

Alle Kinder sitzen im Stuhlkreis. Die Spielleitung wählt eines der Kinder aus, das sich in die Kreismitte begibt. Danach schaltet sie die Tanzmusik ein, zu deren Rhythmus das Kind in der Mitte z. B. die Arme kreuzt und sich mit den flachen Händen auf die eigenen Schultern patscht. Zugleich geht es auf irgendeinen Mitspieler im Kreis zu. Wenn sich die beiden dann gegenüberstehen, tauschen sie ihre Plätze.

Das zuerst genannte Kind setzt sich allerdings nicht auf den Stuhl, sondern bleibt – mit dem Gesicht zur Kreismitte gewandt – davor stehen. Dabei begleitet es die Musik weiterhin auf die oben beschrieben Art und Weise. Das jetzt neu in der Mitte des Stuhlkreises stehende zweite Kind macht währenddessen genau dasselbe, geht dann wiederum auf einen dritten Mitspieler im Stuhlkreis zu, tauscht mit diesem wie beschrieben den Platz usw. Wenn dann schließlich alle Mitspieler vor ihren Stühlen im Kreis stehen, geben sie sich die Hände und kreuzen abwechselnd einen Fuß vor dem anderen, und zwar möglichst ohne aus dem Takt zu kommen.

Variante für ältere Kinder: Das jeweils in der Kreismitte stehende Kind versucht, den Rhythmus der Musik auf eine andere Art als seine Vorgänger zu begleiten. Dabei kann man z. B. im Takt der Musik mit den Fingern schnippen, sich auf die Oberschenkel schlagen, die Arme in die Höhe strecken oder mit der Händen auf den Po patschen. Schaffen es die Kinder, ein „Orchester" aus unterschiedlichen körpereigenen Instrumenten zu bilden?

Material:
Tanzmusik

Alter:
ab 5 Jahren

Mitspieler:
ab 6 Kinder

Hochwasser, klirrende Kälte oder Sonnenschein?

Material:
eine Ocean Drum, zwei
leere Gläser, eine
Triangel, instrumentale
Tanzmusik

Alter:
ab 4 Jahren

Mitspieler:
ab 5 Kinder

Das folgende Spiel verläuft nach ähnlichen Regeln wie das altbekannte Spiel „Feuer, Wasser und Luft".

Alle Kinder bis auf eines setzen sich in den Stuhlkreis und vereinbaren Folgendes:
Ocean Drum (Hochwasser)
die Beine im Sitzen ausstrecken und waagerecht in der Luft halten
Zwei klingende Gläser (klirrende Kälte)
sich im Sitzen selbst umarmen
Triangel (Sonnenschein)
auf Zehenspitzen vor dem Stuhl stehen und der imaginären Sonne die Arme entgegenstrecken.

Dann holt sich das verbliebene Kind die drei Instrumente und stellt sich in die Mitte des Kreises. Zum Rhythmus der Musik patschen alle sitzenden Kinder auf ihre Oberschenkel. Wenn die Musik nun abbricht, spielt das Kind in der Mitte eines der drei Instrumente kurz an. Wissen die anderen, was sie jetzt, wie vereinbart, zu tun haben? Einer von den Mitspielern, welche richtig reagiert und die korrekte Pantomime gemacht haben, tauscht schließlich mit dem Kind in der Mitte den Platz. Danach setzt die Musik wieder ein, und das Spiel beginnt von Neuem.

Welches Instrument ist dran?

Material:
für alle Kinder je ein
Rhythmusinstrument,
jedoch für ein Drittel der

Zu Beginn des Spiels erhalten die Kinder ihre Rhythmusinstrumente und bilden einen Kreis. Danach schaltet die Spielleitung die Musik ein und benennt ein Kind, das nun im Takt der Musik auf seinem Instrument spielt. Alle, die das gleiche Instrument in den Händen

halten, machen mit und begleiten den Rhythmus ebenfalls. Die zwei Drittel der Gruppe, welche mit anderen Instrumenten ausgestattet sind, tippen währenddessen mit ihren Zehenspitzen im Takt der Musik auf den Boden. Sobald jedoch die in der Mitte des Kreises stehende Spielleitung einen Arm nach oben streckt, geht derjenige Mitspieler, der bisher den Rhythmus angeführt hat, in die Richtung eines weiteren Kindes, das ein anderes Instrument spielt als er selbst. Stehen diese beiden Kinder dann voreinander, so tauschen sie ihre Plätze. Nun darf das neue Kind den Rhythmus der Musik mit seinem Instrument begleiten und wird dabei von seiner jeweiligen Instrumentengruppe unterstützt. Die anderen zwei Drittel der Gruppe tippen wieder mit ihren Zehenspitzen im Takt der Musik in Richtung Kreismitte.

Gruppe z. B. eine Rassel, für das andere Drittel z. B. einen Schellenkranz und für das letzte Drittel z. B. eine Handtrommel, Instrumentalmusik

Alter:
ab 5 Jahren

Mitspieler:
ab 12 Kinder

Sänger und Balletttänzer

Alle Kinder bilden einen Kreis und achten darauf, dass sie genügend Abstand zu ihren beiden Nachbarn haben. Danach wählen sie gemeinsam ein bekanntes Kinderlied aus, wie z. B. „Alle meine Entchen", das nun von der ganzen Gruppe gesungen wird. Anschließend wird das Lied wiederholt, wobei alle versuchen, sich auf ihrem Platz im Takt der Melodie wie ein Balletttänzer, d. h. auf Zehenspitzen, zu

Material:
evtl. ein Stück Kreide oder mehrere Gymnastikseile

Alter:
ab 4 Jahren

Mitspieler:
ab 5 Kinder

bewegen. Jeder kann dabei auch Bewegungsideen seiner Mitspieler aufgreifen.

Variante für ältere Kinder: Die Spielleitung zeichnet mit Kreide ein Spinnennetz auf den Boden oder legt dieses mit Seilen aus. Die Kinder balancieren zu ihrem Gesang rhythmisch darauf.

Frösche schnappen

Material:
ein Stück Kreide oder
mehrere Gymnastikseile

Alter:
ab 4 Jahren

Mitspieler:
ab 6 Kinder

Am Seeufer befindet sich ein Storch, der ein paar Frösche entdeckt hat. Wird er sich einen Frosch schnappen können?

Zuerst markiert die Spielleitung den See und zeichnet dazu mit Kreide einen Kreis auf den Boden oder legt diesen mit Seilen aus. Eines der Kinder übernimmt die Rolle des Storchs, positioniert sich zu diesem Zweck außerhalb des gekennzeichneten Kreises und stampft mit einem Fuß ganz laut irgendeinen Rhythmus. Zu diesem hüpfen die anderen Kinder als Frösche in ihrem See, d. h. innerhalb des Kreises, herum. Sie tun dies so lange, bis der Storch zu stampfen aufhört. In diesem Augenblick springen alle Frösche möglichst schnell aus dem imaginären Wasser. Welchen Frosch wird der Storch jetzt wohl fangen können? Das betreffende Kind darf dann in der nächsten Spielrunde gemeinsam mit dem alten Storch einen Rhythmus stampfen und ihn beim Fangen der Frösche unterstützen.

Zu zweit im Takt

Material:
pro Kinderpaar eine
Decke, drei

Die Kinder bilden zunächst Paare, holen sich eine Decke und knien sich direkt einander gegenüber auf den Boden, und zwar so, dass die einzelnen Paare zusammen einen Kreis bilden. Danach wählt die

Spielleitung z. B. einen Tango aus, zu dessen Rhythmus die einzelnen Paare nun ihre Fingerspitzen gegeneinander schlagen.

Sobald jedoch die Musik abbricht, nennt die Spielleitung ein anderes Körperteil, wie z. B. die Hände. Dann schaltet sie die Tango-Musik wieder ein, und die Kinder klatschen jetzt zum Rhythmus ihre Hände gegeneinander. Ist das Musikstück zu Ende, werden die gleichen Übungen mit einer anderen Taktart wiederholt.

Instrumentalstücke in verschiedenen Taktarten

Alter:
ab 5 Jahren

Mitspieler:
ab 10 Kinder

Tanzreifen

Zur Vorbereitung holen sich alle Kinder bis auf eines einen Gymnastikreifen. Einer dieser Reifen wurde zuvor von der Spielleitung mit etwas Krepppapierband umwickelt.
Dann legen die Kinder ihre Reifen in einem Kreis auf dem Boden aus, und zwar so, dass die Reifen aneinanderstoßen. Das verbliebene Kind nimmt sich die Handtrommel und stellt sich in die Kreismitte. Zum Rhythmus seines Trommelspiels hüpfen die anderen Mitspieler dann hintereinander im Uhrzeigersinn von einem Reifen in den nächsten. Stoppt das Trommelspiel, so bleiben alle stehen, drehen sich zur Kreismitte und schauen zu demjenigen Mitspieler hin, der gerade in dem mit Krepppapier umwickelten Reifen steht.
Nun schaltet die Spielleitung die Tanzmusik ein. Der Mitspieler im Krepppapier-Reifen bewegt sich dazu im Takt der Musik auf der Stelle, und alle übrigen Kinder machen sofort mit, indem sie sich genauso bewegen wie er. Sobald die Spielleitung die Pausentaste des Abspielgeräts drückt, tauscht der Mitspieler im Krepppapier-Reifen mit dem Trommler in der Mitte des Kreises den Platz und gibt mithilfe der Handtrommel einen neuen Rhythmus vor, sodass das Spiel auf diese Weise von vorne beginnt.

Material:
für alle Kinder bis auf eines einen Gymnastikreifen, Krepppapierstreifen, eine Handtrommel, Tanzmusik

Alter:
ab 4 Jahren

Mitspieler:
ab 7 Kinder

Strecken oder beugen?

Material:
ein Softball,
ein Glockenspiel

Alter:
ab 5 Jahren

Mitspieler:
ab 6 Kinder

Alle Kinder stehen im Kreis. Die Spielleitung holt sich das Glockenspiel und begibt sich damit in die Kreismitte. Dort spielt sie zunächst ein hohes C, zu dem die Kinder ihre Arme in die Luft strecken und sich ganz groß machen. Danach folgt ein tiefes C, bei dem die Kinder sich breitbeinig hinstellen und mit ihrem Oberkörper nach vorne bücken. Sobald die Kinder auf diese Weise in der Lage sind, das hohe und das tiefe C voneinander zu unterscheiden sowie die entsprechenden Bewegungen zu machen, beginnt das eigentliche Spiel.

Dazu stellen sich alle dicht hintereinander im Kreis auf, und ein Mitspieler erhält einen Softball. Die Spielleitung eröffnet die Spielrunde, indem sie mehrmals und nicht zu schnell hintereinander z. B. das hohe C auf dem Glockenspiel anschlägt. Zu jedem hohen C, das die Kinder hören, geben sie den Ball mit nach oben gestreckten Armen von einem zum anderen weiter. Erklingt jedoch das tiefe C, so stellen sich die Kinder breitbeinig auf den Boden und geben den Ball zu jedem angeschlagenen Ton unter den Beinen nach hinten weiter, bis wieder das hohe C zu hören ist. Nach ein paar Durchgängen steigert die Spielleitung das Tempo, indem sie die beiden Noten mit einer erhöhten Taktfrequenz anschlägt.

Hindernistanz

Material:
pro Kind z. B. ein Kissen,
ein kleines Tuch, ein Blatt
Zeitungspapier oder ein
Pappkreis, Tanzmusik

Alle Kinder erhalten jeweils einen der in der nebenstehenden Materialliste erwähnten Gegenstände und stellen sich in einem großzügigen Kreis auf. Die Gegenstände legen die Kinder direkt vor ihre Füße auf den Boden. Dann tanzen alle im Rhythmus der Musik um ihren jeweiligen Gegenstand herum. Wenn die Musik stoppt, rücken alle einen Platz nach rechts weiter, sodass sie nun vor einem neuen

Gegenstand stehen. Dann wird erneut im Takt zur Musik um den Gegenstand herumgetanzt. Gelingt allen der Tanz, ohne dass sie einen Gegenstand mit den Füßen berühren?

Variante: Alle Kinder haben ein Kissen direkt vor ihren Füßen liegen. Ein Mitspieler macht zum Rhythmus der Musik die Tanzbewegungen vor, und alle anderen machen sie zeitgleich nach. Dabei versuchen die Kinder, so knapp wie möglich an den Kissen vorbeizutanzen.

Alter:
ab 5 Jahren

Mitspieler:
ab 6 Kinder

Wer findet in den Stall?

Alle Bauernhoftiere tummeln sich draußen auf dem Hof und auf der Weide. Doch allmählich wird es dunkel, und es ist Zeit, in den Stall zu gehen. Werden alle Tiere rechtzeitig ihren Weg in den Stall finden?

Etwas weniger als die Hälfte der Kinder stellt sich mit dem Gesicht zur Kreismitte ein bisschen breitbeinig im Kreis auf. Der Rest spielt Bauernhoftiere und verteilt sich außerhalb des Kreises. Während nun die Spielleitung die Tanzmusik einschaltet, dürfen die Kinder außerhalb des Kreises z. B. im Takt der Musik wie Hasen hüpfen oder wie Kühe auf alle Vieren laufen. Sobald jedoch die Musik stoppt, versuchen alle Bauernhoftiere so schnell wie möglich durch die Beine eines der auf der Kreisbahn stehenden Kindes zu krabbeln und dadurch in den „Stall" zu gelangen. Wer ist dabei besonders schnell und wer braucht etwas länger? Diejenigen Kinder, die ihr Ziel nicht so schnell erreicht haben, tauschen mit einem auf der Kreisbahn stehenden Mitspieler den Platz.

Material:
Tanzmusik

Alter:
ab 3 Jahren

Mitspieler:
ab 10 Kinder

Lauschen und erahnen im (Abschluss-)Kreis

Spiele zur Förderung der Sinne und von Naturerfahrungen

Kinder lernen spielerisch und über ihre Sinne, sich mit den Geschehnissen in der Natur auseinanderzusetzen, ihren Blick für unscheinbare Dinge zu schärfen und sich als Teil der Natur zu begreifen. Zudem wirken sich Aufenthalte in der freien Natur positiv auf das Immunsystem sowie das Spiel-, Sozial- und Lernverhalten aus.

Das Umfeld, in dem Kinder aufwachsen, ist einer solchen Entwicklung jedoch nicht immer förderlich. Nicht alle Kinder können so ohne Weiteres draußen spielen und dabei wichtige Naturerfahrungen machen. In dieser Situation haben Kindergärten und Schulen eine bedeutende Aufgabe. Sie können sowohl in den Innen- als auch in den

Außenräumen unmittelbare Naturerlebnisse ermöglichen und die Kinder für die Natur sensibilisieren.

Die im Folgenden vorgestellten Naturerfahrungsspiele zum Hören, Sehen, Riechen, Schmecken, Tasten und Stillwerden tragen dazu bei, dass Kinder ohne Hektik unterschiedliche Naturmaterialien kennen und unterscheiden lernen, sich mit ihrem natürlichen Lebensraum auseinandersetzen und ihre eigene Abhängigkeit von der Natur begreifen lernen. Auch helfen sie innere Unruhe abzubauen, die Motorik zu verbessern und durch den gezielten Einsatz von jeweils ein bis zwei Sinnen die Konzentration und die Ausdauerbereitschaft zu fördern. Überdies enthält das Kapitel auch einige Spiele für den Abschluss, bei denen sich die Kinder mithilfe verschiedener Naturmaterialien am Ende des Kita-Tages voneinander verabschieden und ihre Vorfreude auf weitere Spiele im Kreis entwickeln können.

Psst! Ein Reh!

Bei dem folgenden Spiel lernen die Kinder, sich im Wald ganz leise zu verhalten und dabei so manchen Waldbewohner zu benennen.

Alter:
ab 5 Jahren

Die Kinder bilden zunächst gemeinsam mit der Spielleiterin einen großzügigen Stuhlkreis.

Mitspieler:
ab 5 Kinder

Danach verteilen sich alle möglichst weit voneinander entfernt im Inneren dieses Kreises und blicken in Richtung der noch auf ihrem Stuhl sitzenden Spielleiterin, die z. B. Folgendes sagt: „Psst! Ich sehe ein Reh!" Danach deutet sie auf ein Kind, welches nun das Reh spielt, möglichst leise auf die Spielleiterin zugeht und sich neben sie setzt. Wenn jedoch jetzt ein Kind zu sprechen anfängt, dann läuft das „Reh" vor Schreck auf seinen Ausgangsplatz im Inneren des Kreises zurück, und das Spiel beginnt von vorne. Wenn es alle schaffen, ganz still zu sein, führt das jetzt im Stuhlkreis sitzende Kind das Spiel fort,

indem es auf einen weiteren Mitspieler im Inneren des Kreises deutet und z. B. sagt: „Psst! Ich sehe einen Hasen!" usw.

Tigerjagd

Material:
pro Kind einen Gymnastikreifen oder eine Gymnastikmatte, für alle Kinder bis auf eines eine Augenbinde

Alter:
ab 4 Jahren

Mitspieler:
ab 5 Kinder

Alle Kinder bis auf eines holen sich jeweils einen Gymnastikreifen oder eine Gymnastikmatte und ordnen diese Reifen bzw. Matten in Kreisform auf dem Boden an. Dann knien sich alle in ihren Reifen bzw. auf ihre Matte und spielen auf diese Weise die „Jagdbeute" und bekommen dazu auch die Augen verbunden. Das verbliebene Kind, das den „Tiger" darstellt, ist in der Mitte des Matten- bzw. Reifenkreises positioniert. Es versucht nun, sich möglichst unbemerkt an seine Mitspieler anzuschleichen. Glaubt einer der Mitspieler, dass der Tiger in seine Richtung schleicht, dann hebt er schnell die Hand, und der Tiger muss unverrichteter Dinge wieder umkehren. Berührt der Tiger jedoch mit seiner Fußspitze einen Reifen oder eine Matte, darf er mit dem betreffenden Mitspieler die Rolle tauschen.

Variante für ältere Kinder: Hier stehen gleich zwei oder drei Tiger in der Kreismitte und versuchen, sich möglichst schnell und leise an die Jagdbeute anzuschleichen. Wem wird das Vorhaben zuerst gelingen? Das betreffend Kind darf sich dann für die nächste Spielrunde zwei bis drei andere Mitspieler aussuchen, die mit ihm auf die Jagd gehen.

Tiere im Wald

Alter:
ab 4 Jahren

Alle Kinder bis auf fünf oder sechs bilden einen großzügigen Stuhlkreis. Die restlichen Mitspieler stellen sich in die Mitte des Kreises und bekommen von der Spielleitung jeweils ein Tier, das im Wald

lebt, ins Ohr geflüstert. Danach dürfen sie alle gleichzeitig ihr Tier pantomimisch vorstellen. Die im Stuhlkreis sitzenden Kinder beobachten alles ganz genau und versuchen, ein bestimmtes, von der Spielleitung genanntes Waldtier, (z. B. Eichhörnchen) herauszufinden. Wer glaubt, das gesuchte Tier zu erkennen, der hebt die Hand. Nach einer Weile dürfen dann alle im Stuhlkreis sitzenden Kinder nacheinander ihre Vermutungen preisgeben. Am Schluss stellen die in der Mitte Stehenden noch einmal nacheinander ihr jeweiliges Tier dar und sagen den anderen, um welches Tier es sich dabei handelt. In der nächsten Spielrunde dürfen ein paar andere Kinder auf die gleiche Weise eine weitere Tiergruppe, z. B. Wassertiere, vorstellen.

Variante: Ein Kind macht ein Tier vor, das nicht zu den anderen, zeitgleich dargestellten Tieren passt, also z. B. ein Wassertier, während alle anderen Dschungeltiere präsentieren. Finden die im Stuhlkreis sitzenden Kinder das nicht dazu passende Tier heraus und wissen sie, wie es heißt?

Mitspieler:
ab 12 Kinder

Mucksmäuschenstill

Die Katze liegt auf dem Boden und lässt sich von den warmen, wohltuenden Sonnenstrahlen verwöhnen. Ein paar Mäuse halten sich in der Nähe auf und sie wissen ganz genau, dass die Katze jederzeit aufwachen und sich eine Maus schnappen kann. Für die Mäuse wird es höchste Zeit, sich in einem Mauseloch zu verkriechen!

Ein Kind spielt die Katze, die übrigen Kinder jeweils zur Hälfte die Mäuse und die Mauselöcher. Die „Mauselöcher" entstehen dadurch, dass die betreffenden Kinder mit dem Gesicht zur Mitte einen Kreis bilden und sich etwas bereitbeinig aufstellen. Dann legen alle Mäuse

Material:
Iso-Matten, eine Triangel

Alter:
ab 3 Jahren

Mitspieler:
ab 11 Kinder, jedoch in einer ungeraden Anzahl

hinter ihrem Mauseloch, d. h. an der Außenseite des Kreises, eine Matte auf den Boden und begeben sich in die Mitte des Kreises. Dort wartet auch schon die schlafende Katze, die sich auf den Boden kniet, den Kopf in Richtung Oberschenkel neigt und die Augen schließt. Erklingt nun die Triangel, dann krabbeln alle Mäuse ganz leise im Inneren des Kreises herum und suchen sich ein freies „Mausloch", durch das sie schließlich hindurchkrabbeln. Gelingt das Vorhaben, ohne dass die Mäuse dabei reden oder die Katze in der Kreismitte berühren? Falls nicht, wacht die Katze auf und versucht, sich eine Maus zu schnappen! Diejenigen Kinder, die gefangen wurden, dürfen die bisherige Katze in der nächste Spielrunde als Artgenossen unterstützen. Sollten sich jedoch alle Mäuse ganz ruhig verhalten und die Aufgabe gut meistern, so wählt die Spielleitung eine neue Katze aus.

Kältestarre

Material:
eine Handtrommel, ein Gong oder eine Triangel

Manche Tiere, wie z. B. Schildkröten, Eidechsen oder Frösche, verbringen den Winter in einer Kältestarre. Mit dem folgenden Spiel können die Kinder diese besondere Lebensweise kennen lernen.

Alter:
ab 4 Jahren

Mitspieler:
ab 6 Kinder

Alle stellen sich hintereinander im Kreis auf, und zwar so, dass sie genügend Abstand zu dem vor ihnen stehenden Kind haben. Die Spielleitung holt sich unterdessen die in der Materialliste erwähnten Instrumente und positioniert sich damit in der Kreismitte. Zum Rhythmus des Trommelspiels hüpfen dann alle so lange wie Frösche im Kreis herum, bis auf einmal der Gong erklingt, der die Winterzeit einläutet. Nun verkriechen sich die Kinder sofort unter dem imaginären Laub und Morast, indem sie sich hinknien und klein machen. Danach dürfen sie sich so lange nicht bewegen, bis der Gong ganz verklungen ist und mit dem Wiedereinsetzen des Trommelspiels der Frühling beginnt. Schaffen das alle Kinder, oder wacht doch ein

Frosch während der Winterzeit auf? Für den nächsten Durchgang wählt die Spielleitung ein neues Tier mit Kältestarre aus, welches die Kinder darstellen dürfen.

Wer hat das gesuchte Naturmaterial?

Bei dem folgenden Spiel lernen Kinder unterschiedliche Naturmaterialien mit ihrem Tastsinn bewusst wahrzunehmen und diese genau zu beschreiben.

Alle Kinder sitzen im Stuhlkreis und bekommen die Augen verbunden. Dann gibt die Spielleitung jedem Kind ein bestimmtes Naturmaterial in die Hand. Insgesamt ist jedes Naturmaterial bis zu dreimal in der Gruppe vorhanden. Nun bittet die Spielleitung alle Kinder, ihr Naturmaterial genau abzutasten. Nach ca. einer Minute beschreibt sie dann eines der ausgeteilten Materialien. Diejenigen Kinder, die glauben, dass die Beschreibung auf ihr Naturmaterial zutrifft, stehen auf und versuchen es zu benennen. Anschließend nehmen alle die Augenbinden ab und überprüfen das Ergebnis. In der nächsten Runde darf eines von denjenigen Kinder, welches mit seiner Vermutung richtig lag, die Rolle der Spielleitung übernehmen und, sobald alle die Augen wieder verbunden haben, die Naturmaterialien neu verteilen.

Material:
pro Kind eine Augenbinde, für jeweils 2 bis 3 Kinder das gleiche Naturmaterial (z. B. Eicheln, Kastanien, ein Kieselsteine, Zapfen, Pflanzenblätter usw.)

Alter:
ab 5 Jahren

Mitspieler:
ab 5 Kinder

Die Einzigartigkeit der Natur

Das folgende Spiel soll dazu beitragen, dass die Kinder die Einzigartigkeit der Natur sehen, verstehen, fühlen und begreifen lernen: Alle Kinder erhalten einen Kieselstein und knien sich im Kreis auf den Boden. Das verbliebene Kind holt sich dagegen eine Decke und platziert sich in der Mitte des Kreises. Dann legt es sich mit dem

Material:
pro Kind ein Kieselstein, eine Iso-Matte oder Decke

99

Alter:
ab 5 Jahren

Mitspieler:
ab 12 Kinder

Rücken auf die Decke, streckt die Beine aus und beugt leicht seine Arme. Während es regungslos daliegt, blinzelt die Spielleitung einem der im Kreis sitzenden Mitspieler zu, welcher nun seinen Kieselstein direkt neben dem liegenden Kind platzieren darf. Danach geht dieser Mitspieler auf ein anderes auf der Kreisbahn sitzendes Kind zu und tauscht mit ihm den Platz. Dieses dritte Kind legt nun ebenfalls seinen Kieselstein direkt neben den in der Mittes des Kreises Liegenden, tauscht mit einem Mitspieler den Platz usw. Erst, wenn auf diese Weise alle Kieselsteine um den Körper des Kindes gelegt wurden, ist das Spiel beendet. Zum Schluss versucht das in der Mitte liegende Kind so aufzustehen, dass es nach Möglichkeit keinen Stein berührt. Wie sieht das dadurch entstandene Kunstwerk bzw. der Köperumriss aus Steinen aus? Gleicht ein Kieselstein dem anderen? Und wie verhält es sich mit den Menschen? Ist nicht jeder Mensch einzigartig? Die Kinder versuchen nach dem Spiel, diese Fragen miteinander zu klären.

Obst und Gemüse – wie schmeckt es und wo wächst es?

Material:
pro Kind eine Augenbinde, ein Schneidebrett, ein Messer, unterschiedliche Obst- und Gemüsesorten, ein Tablett, Zahnstocher

Alter:
ab 5 Jahren

Dieses Spiel ist dafür geeignet, den Kindern einen Bezug zu den Nahrungsmitteln zu vermitteln, die sie täglich verspeisen.

Zur Vorbereitung des Spiels wäscht und zerschneidet der Spielleiter Obst und Gemüse der Saison in kleine Stücke, welche dann jeweils einzeln auf einen Zahnstocher gesteckt und zum Kosten auf ein Tablett gelegt werden.
Anschließend stellen sich alle Kinder im Kreis auf und lassen sich vom Spielleiter die Augen verbinden. Danach erhält jedes Kind zum Riechen und Kosten entweder ein Stück Obst oder ein Stück Gemüse.

Der Spielleiter fragt z. B.: „Welche Kinder schmecken ein Stück Apfel?" Diejenigen, welche der Meinung sind, ein Apfelstück im Mund zu haben, treten einen großen Schritt in Richtung auf die Kreismitte vor. Danach nehmen alle ihre Augenbinde ab und der Spielleiter teilt mit, ob alle das betreffenden Obst oder Gemüse richtig erkannt haben. Unabhängig von diesem Ergebnis fragt er als Nächstes alle Kinder, welche ein Apfelstück erhalten haben, wo denn Äpfel wachsen und wie sie schmecken. Vielleicht wissen die Kinder auch, was man alles aus Äpfeln herstellen kann. Nachdem die Kinder ihre Augen wieder verbunden bekommen haben, werden neue Obst- und Gemüsestücke zum Probieren ausgeteilt, und der Spielleiter fragt nach einer anderen Obst- oder Gemüsesorte. Alle, die meinen, diese Sorte im Mund zu haben, treten erneut vor usw.

Mitspieler:
ab 12 Kinder

Kostbares Wasser

Alle Kinder stehen zusammen im Kreis und erhalten jeweils ein Glas frisches Wasser. Anschließend stellt die Spielleitung eine große, leere Schüssel in die Kreismitte und bittet alle Kinder, kurz ihre Augen zu schließen und dabei einen Schluck Wasser aus ihren Gläsern zu trinken. Wie schmeckt das Wasser? Und warum müssen wir trinken?

Wurden diese Fragen geklärt, so wählt die Spielleitung ein Kind aus, das sich in die Mitte des Kreises begibt. Dort angekommen, darf es ein Tier oder eine Pflanze benennen, die so wie wir selbst auf das lebensnotwendige Wasser angewiesen ist. Danach schüttet dieses Kind das restliche Wasser aus seinem Glas in die Schüssel und geht ohne Worte auf einen weiteren Mitspieler zu, um mit ihm den Platz zu tauschen. Der neu in der Kreismitte stehende Mitspieler setzt das Spiel mit einer neuen Tier- oder Pflanzenart fort. Je mehr Kinder sich an diesem Spiel beteiligen und je mehr Tier- und Pflanzenarten

Material:
pro Kind ein Glas Wasser, eine große, leere Schüssel, leere Dosen, Flaschen, Tüten etc.

Alter:
ab 5 Jahren

Mitspieler:
ab 6 Kinder

dadurch genannt werden, desto eher wird ihnen bewusst, dass alle Lebewesen das Wasser zum Leben brauchen. Wenn dann alle mit leeren Gläsern im Kreis stehen, wirft die Spielleitung etwas Müll in das in der Schüssel befindliche Wasser. Die Kinder gehen nun still und langsam im Kreis um die Schüssel herum und betrachten den Müllberg, dessen Anblick sicher für viel Diskussionsstoff sorgen wird!

Muh, muh und Tschüss!

Material:
ein Gymnastikreifen,
ruhige Instrumentalmusik

Alter:
ab 4 Jahren

Mitspieler:
ab 12 Kinder

Alle Kinder bis auf eines stehen Hand in Hand im Kreis, und jedes überlegt sich jeweils ein Tiergeräusch. Der verbliebene Mitspieler erhält einen Reifen, welcher in der Kreismitte platziert wird und in den er sich hineinstellt. Dann schaltet die Spielleitung eine ruhige Instrumentalmusik ein, zu deren Rhythmus alle hintereinander im Kreis herumgehen. Drückt die Spielleitung die Pausentaste des Abspielgeräts, bleiben alle stehen und wenden sich dem im Reifen stehenden Mitspieler zu. Dieser winkt den um ihn herum im Kreis Stehenden zu und macht das Tiergeräusch nach, das er sich zu Anfang ausgedacht hat, also z. B. „Muh, muh!" Eines derjenigen Kinder, die daraufhin das entsprechende Tier besonders schnell erraten haben, darf sich nun als Nächster in den Reifen in der Mitte stellen. Anschließend gehen die Kinder wieder zur Musik im Kreis herum, während

der bisher im Reifen stehende Mitspieler jetzt innerhalb des Kreises, aber außerhalb des Reifens pantomimisch wie eine Kuh umhergeht. Stoppt die Musik dann das zweite Mal, dann bleiben alle erneut stehen, das zuletzt in den Reifen gekommene Kind stellt akustisch das Tier vor, welches es sich ausgedacht hat (also z. B. das „Meck, meck" einer Ziege), usw. Wenn sich auf diese Weise bis zu vier Kinder im Innenkreis angesammelt haben, dann winken die auf der Kreisbahn Stehenden den „Tieren" im Inneren zum Abschied zu und machen dabei alle zusammen die „Tiergeräusche" nach, die sie bisher gehört haben.

Wo sind die Haselnüsse?

Eichhörnchen wachen ab und zu aus ihrer Winterruhe auf, um sich aus ihrem Vorrat, den sie im Herbst gesammelt haben, etwas Futter zu holen. Doch finden alle Eichhörnchen tatsächlich auch noch den gesamten Wintervorrat, den sie zuvor versteckt haben?

Die Kinder bilden einen Kreis, in dessen Mitte die Spielleitung die Haselnussblätter, Haselnüsse und andere kleine Naturmaterialien auf einen Haufen legt. Zwei bis drei Mitspieler bekommen die Augen verbunden und werden dann von der Spielleitung in die Kreismitte geführt. Sie knien sich um die Naturmaterialien herum auf den Boden und spielen auf diese Weise die „Eichhörnchen", die nun durch Tasten aus dem Berg von anderen Gegenständen jeweils eine Haselnuss heraussuchen dürfen. Glaubt einer dieser Mitspieler, eine Haselnuss in den Händen zu halten, so nimmt er seine Augenbinde ab. Stimmt die Vermutung, dann bleibt er so lange sitzen, bis die übrigen Eichhörnchen ebenfalls eine Haselnuss finden konnten. Wenn er jedoch etwas anderes in den Händen hält, dann werden seine Augen wieder verbunden und er darf die Suche fortsetzen. Am Schluss,

Material:
zwei bis drei Augenbinden, viele Haselnussblätter und Haselnüsse sowie andere kleine Naturmaterialien (z. B. Kieselsteine, Zapfen, Stöcke etc)

Alter:
ab 3 Jahren

Mitspieler:
ab 5 Kinder

103

wenn alle eine Nuss erwischt haben, sagen die Eichhörnchen: „Wir haben etwas zu fressen und gehen nach Haus! Wir sagen Tschüss und ruhen uns wieder aus!" Anschließend gehen sie mit ihrer Nuss auf jeweils ein weiteres der im Kreis um sie herum stehenden Kinder zu, um mit ihnen die Plätze zu tauschen. Sobald alle Kinder der Gruppe auf diese Weise eine Haselnuss in den Händen halten und im Kreis stehen, ist das Spiel beendet!

Bienenstock – Alle schon hier?

Alter:
ab 4 Jahren

Alle Bienen befinden sich auf einer Blumenwiese und sammeln fleißig den Nektar ein. Doch irgendwann wird es Zeit, in den Bienenstock zurückzufliegen.

Mitspieler:
ab 5 Kinder

Alle Kinder spielen Bienen und stehen in einem großen Kreis beisammen. Ein beliebiges Kind beginnt, wendet sich seinem rechten Nachbarskind zu und sagt möglichst leise „Tschüss!" Danach tut es vom Platz aus so, als ob es fliegen würde. Zudem summt es leise wie eine Biene vor sich hin. Das zweite Kind verabschiedet sich wiederum im Flüsterton von seinem rechten Nachbarskind, tut dann so, als ob es fliegen würde und summt ebenfalls leise mit. Das geht solange, bis alle Kinder im Kreis stehen und summen. Auf ein Zeichen der Spielleitung verlassen alle Bienen summend den Kreis und winken mit ihren Flügeln.

Der Kreis schließt sich! Auf Wiedersehen!

Material:
pro Kind ein Naturobjekt

Bei dem folgenden Spiel dürfen die Kinder sich in ihrer Muttersprache oder in einer anderen ihnen geläufigen Sprache leise voneinander verabschieden.

Alter:
ab 3 Jahren

Mitspieler:
ab 5 Kinder

Alle Kinder stehen dicht nebeneinander im Kreis. Die Spielleitung holt sich einen Stein, stellt sich zwischen zwei Kinder, überreicht den Stein ihrem rechten Nachbarn und gibt ihm ihre rechte Hand. Dieser Nachbar beginnt nun das Spiel, indem er leise in irgendeiner Sprache ein Abschiedswort sagt, welches die anderen genauso leise wiederholen. Anschließend reicht er den Stein an das rechts von ihm stehende Kind weiter und gibt diesem ebenfalls die rechte Hand. Das Kind das jetzt an der Reihe ist, sagt nun seinerseits leise ein Abschiedswort in seiner Sprache, welches die Gruppe ebenso leise wiederholt usw. Auf diese Weise wird das Spiel so lange weitergeführt, bis die Spielleitung den Stein wieder in den Händen hält und alle Hand in Hand im Kreis stehen. Dann sagt die Spielleitung: „Ein Stein ging im Kreis herum und blieb nicht stehen. Nun stehen wir Hand in Hand und sagen laut ‚Auf Wiedersehen!‘ "

Beispiele für Abschiedsworte in verschiedenen Sprachen:

„Bye, bye! Goodbye!"	(England)
„Au revoir!"	(Frankreich)
„Adiós! Hasta luego! Hasta la vista!"	(Spanien)
„Arrivederci! Ciao!"	(Italien)
„Adeus!"	(Portugal)
„Do viðenja!"	(Kroatien)
„Güle güle!"	(Türkei)

Literaturhinweise

Kapitel 1: Spiele zur Förderung der Sprachentwicklung

Erkert, Andrea: Sprachförderspiele, Christophorus, Freiburg i. Br. 2003.

Friedrich, Gerhard; De Galgóczy, Viola: Komm mit ins Buchstabenland. Eine spielerische Entdeckungsreise in die Welt der Buchstaben (alle Lieder auf CD), Christophorus, Freiburg i. Br. 2006.

Mondschein, Maria: Die 50 besten Spiele zur Sprachförderung, Don Bosco, München 2008.

Tenta, Heike: Literacy in der Kita. Ideen und Spiele rund um Sprache und Schrift, Don Bosco, München 2007.

Werner, Kurt: Wie Kinder leichter sprechen lernen. Reime, Spiele, Übungen und nützliche Infos, Herder, Freiburg i. Br. 2000.

Kapitel 2: Spiele zur Förderung des sozialen Lernens und der Teamarbeit

Beckheim, Yvonne: Erfolgreiche Kooperationsspiele. Soziales Lernen durch Spiel und Sport, Limpert, Wiebelsheim 2006.

Erkert, Andrea: So verstehen wir uns gut. Kooperative Spiele für Vorschulkinder, Herder, Freiburg i. Br. 2008.

Orlick, Terry: Zusammen spielen – nicht gegeneinander! 150 kooperative Spiele für Kinder, Verlag an der Ruhr, Mülheim a. d. Ruhr 2007.

Sonnenberg, James; Windsor, Allen: Teamarbeit trainieren in der Grundschule. Übungen, Aktivitäten und Spiele, Verlag an der Ruhr, Mülheim a. d. Ruhr 2000.

Trautmann, Heidi; Trautmann, Thomas: 50 Unterrichtsspiele für Kommunikation und Kooperation. Für die Grundschule, Auer, Donauwörth 2003.

Kapitel 3: Spiele zur Förderung des interkulturellen Lernens

Budde, Pit; Kronfli, Josephine: Fliegende Feder. Indianische Kultur in Spielen, Liedern, Tänzen und Geschichten (mit CD), Ökotopia, Münster 1998.

Budde, Pit; Kronfli, Josephine: Karneval der Kulturen. Lateinamerika in Spielen, Liedern, Tänzen und Festen. Auf den Spuren fremder Kulturen, Ökotopia, Münster 2001.

Höfele, Hartmut E.; Steffe, Susanne: In 80 Tönen um die Welt. Eine musikalisch-multikulturelle Erlebnisreise für Kinder mit Liedern, Tänzen, Spielen, Basteleien und Geschichten, Ökotopia, Münster 2000.

Höfele, Hartmut E.; Steffe, Susanne: Europa in 80 Tönen. Eine multikulturelle Europareise mit Liedern, Tänzen, Spielen und Bräuchen, Ökotopia, Münster 2002.

Oberhuemer Pamela; Soltendiech, Monika; Ulich, Michaela: Die Welt trifft sich im Kindergarten. Interkulturelle Arbeit und Sprachförderung in Kindertageseinrichtungen, Cornelsen Verlag Scriptor, Berlin 2006.

Kapitel 4: Spiele zur Förderung des Interesses am Englisch- und Französischlernen

Bartl, Almuth: Englischspiele für die Grundschule, Oldenbourg, München 2000.

Fink, Christine: 55 Five-Minute-Games. Sprachspiele für den Englischunterricht, Verlag an der Ruhr, Mühlheim a. d. Ruhr 2002.

Huppertz, Nobert: Französische Kinderlieder. Materialien für den Fremdsprachenfrühbeginn in Kindergarten und Vorschule (mit Audio-CD), Auer, Donauwörth 2006.

Sambanis, Michaela: Französisch in der Grundschule – leicht gemacht. Unterrichtsvorschläge und Kopiervorlagen für den Fremdsprachenfrühbeginn ab Klasse 1 (mit Liedersammlung), Auer, Donauwörth 2003.

Schatz-Hering, Brigitte: Englische Bewegungshits. Die englische Sprache mit Spiel, Rhythmus, Musik und Bewegung erleben und vermitteln. Mit Liedern von Wolfgang Hering, Ökotopia, Münster 2004.

Kapitel 5: Spiele zur Förderung des mathematischen Grundverständnisses

Erkert, Andrea: Das Zahlenspiele-Buch. Spiele und Lieder rund um die ersten Zahlen, Formen, Größen, Gewichte, Mengen, Uhr- und Jahreszeiten, Ökotopia, Münster 2008.

Friedrich, Gerhard; Galgóczy, Viola: Komm mit ins Zahlenland. Eine spielerische Entdeckungsreise in die Welt der Mathematik (mit CD und Liedheft), Christophorus, Freiburg i. Br. 2004.

Grüßing, Meike; Peter-Koop, Andrea (Hrsg.): Die Entwicklung mathematischen Denkens in Kindergarten und Grundschule. Beobachten – Fördern – Dokumentieren, Mildenberger, Offenburg 2006.

Naumann-Kipper, Petra: „3, 2, 1 – viele, wenig, keins". Zahlen, Mengen und Muster entdecken. Bildungsarbeit praktisch, Herder, Freiburg i. Br. 2008.

Suhr, Antje: Zahlen hüpfen – Buchstaben springen. Bewegungsspiele zur ganzheitlichen Schulvorbereitung, Don Bosco, München 2006.

Kapitel 6: Spiele zur Förderung von Kreativität und Fantasie

Bestle-Körfer, Regina; Lohf, Sabine; Stollenwerk, Annemarie: Fantasiewerkstatt Farben. Mit Kindern malen und gestalten, Christophorus, Freiburg i. Br. 2006.

Günther, Sybille: Hereinspaziert – Manege frei! Kinder spielen Zirkus, Ökotopia, Münster 2004.

Hohberger, Mathilda F.; Ehlers-Juhle, Jule: Klangfarben & Farbtöne. Kunterbunte Lieder aus dem Reich der Farben zum Singen, Tanzen und Träumen, Ökotopia, Münster 2005.

Rennert, Susanne: Die Zauberwerkstatt. Spielen, basten und verzaubern, Don Bosco, München

Seggewiß, Swana; Sprenger, Kathrin: Neue Mitmachgeschichten für Kindergruppen, Don Bosco, München 2007.

Kapitel 7: Spiele zur Förderung des Rhythmusgefühls und der Motorik

Erkert, Andrea: Bewegungsspiele für Kinder, Don Bosco, München 2001.

Erkert, Andrea: Lernen mit Bewegungsspielen. Neue Angebote für Vorschulkinder, Herder, Freiburg i. Br. 2007.

Hirler, Sabine: Kinder brauchen Musik, Spiel und Tanz. Bewegungsmusikalische Spiele, Lieder und Spielgeschichten für kleine und große Kinder, Ökotopia, Münster 1998.

Quaas, Beate: Alles wird Musik. Eine spielerische Entdeckungsreise für Kinder, Christophorus, Freiburg i. Br. 2003.

Rosin, Volker; Erkert, Andrea: Bewegungshits und Spielideen, Don Bosco, München 2005.

Kapitel 8: Spiele zur Förderung der Sinne und von Naturerfahrungen

Cornell Jospeh: Mit Cornell die Natur erleben. Naturerfahrungsspiele für Kinder und Jungendliche, Verlag an der Ruhr, Mülheim a. d. Ruhr 2006.

Erkert, Andrea: Spiele zur Sinnesförderung, Don Bosco, München 1999.

Erkert, Andrea: Raus in den Wald! Spiele und Ideen rund um Wald und Wiese, Herder, Freiburg i. Br. 2006.

Sandhof, Kathrin; Stumpf, Brigitta: Mit Kindern in den Wald. Wald-Erlebnis-Handbuch. Planung, Organisation und Gestaltung, Ökotopia, Münster 1998.

Straaß, Veronika: Natur erleben das ganze Jahr. Entdecken, beobachten, verstehen, BLZ Verlagsgesellschaft, Neuaufl., München 2000.

Die Autorin

Andrea Erkert ist Erzieherin, Entspannungspädagogin und derzeit als Fachlehrerin in einer Grundschulförderklasse in der Nähe von Stuttgart tätig. Seit mehreren Jahren bietet sie in Kindergärten und Schulen Workshops u. a. zu den Themen „Sprachförderung", „Teamarbeit", „Mathe im Kindergarten und Anfangsunterricht", „Sinnesförderung", „Naturerfahrungen" sowie „Entspannung und Bewegung" an. Zudem steht sie als Dozentin für Elternabende zur Verfügung.

Kontaktadresse:

Andrea Erkert, Seelacher Weg 79, 71522 Backnang

Tel.: 0 71 91 / 90 83 57 oder 01 60 / 91 70 19 45

Fax: 0 71 91 / 90 83 59, andrea.erkert_florida-sun@t-online.de